Arena-Taschenbuch
Band 1535

Der junge Autor Martin Hülsmann hat den Versuch gemacht, die deutsch-deutsche Situation aus der Perspektive von Jugendlichen in West und Ost darzustellen.
Das Buch »Drüben bei uns«, das Erstlingswerk eines jungen Autors, verrät als formal-ästhetische Erscheinung und aufgrund seiner Intention eine anerkennenswerte Begabung und achtenswerte Haltung.

Begründung der Jury
vom Oldenburger Kinder- und Jugendbuchpreis

Arena

Martin Hülsmann

Drüben bei uns

Eine Begegnung mit der DDR

Oldenburger
Kinder- und Jugendbuchpreis 1984

Arena

CIP-Kurztitelaufnahme der Deutschen Bibliothek

Hülsmann, Martin:
Drüben bei uns:
e. Begegnung mit d. DDR / Martin Hülsmann.
– 2. Aufl., 9. – 16. Tsd. – Würzburg : Arena-Verlag, 1987.
(Arena-Taschenbuch ; Bd. 1535)
ISBN 3-401-01535-4
NE: GT

2. Auflage als Arena-Taschenbuch 1987
9. – 16. Tausend

Umschlaggestaltung: Dieter Leithold
Karte: Josef Maiershofer
Gesamtherstellung: Pfälzische Verlagsanstalt, Landau
ISSN 0518 4002
ISBN 3-401-01535-4

Vorbemerkung

Mein Dank gilt meinen Freunden in und aus der DDR sowie all denen, die mir ihre persönlichen Erfahrungen von Aufenthalten in der DDR erzählten und dieses Buch mit möglich machten. Die dargestellten Ereignisse sind im wesentlichen wahr, die Verknüpfung allerdings fiktiv. Daher sind Ähnlichkeiten mit lebenden Personen zufällig und unbeabsichtigt.

OSTSEE
ROSTOCK
HAMBURG
STETTIN
P
O
L
E
N
B
R
D
DDR
ELBE
ODER
WEST-
BERLIN
OST-
BERLIN
POTSDAM
MAGDEBURG
ODER
ELBE
COTTBUS
HALLE
LEIPZIG
ERFURT
JENA
WEIMAR
GERA
KARL-MARX-
STADT
DRESDEN
PRAG
CSSR
NÜRNBERG
0 25 50 100 KM
DONAU

Köln, im November

Der Abend gestern im Jugendheim war irre schön wie in alten Zeiten. Ich hatte mich lange mit Antje unterhalten, zum ersten Mal wieder richtig ernsthaft, nachdem wir uns vor zwei Monaten getrennt hatten. Zwar wollte ich nicht mehr mit ihr zusammensein, dennoch vermißte ich sie. Seit dem Ende unserer Freundschaft fühlte ich mich schlapp und unausgeglichen. Ich brauchte etwas, das meine ganze Kraft in Anspruch nehmen würde. Leider ließ sich das nicht auf Knopfdruck herbeizaubern. Eines war sicher: Mit der Schule konnte es nichts zu tun haben, denn Schule war Alltag, langweilig, nichts zum Träumen und Nachdenken.

Der Gedanke an die Schule brachte mich in die Wirklichkeit zurück. Ich hob meinen Kopf und bemerkte Renate, die andächtig in ihrer Nase bohrte. Offenbar langweilte sie der Unterricht – wir hatten gerade Deutsch bei Harald Ambuch. Gelangweilt war ich auch, aber eigentlich pflegte ich eine Schläfrigkeit, der man sich als Schüler einer zwölften Klasse gerne hingab, um sein ausgedehntes Nachtleben zu dokumentieren. Außerdem konnte ich so dem Unterricht trotz körperlicher Anwesenheit entkommen.

»Martin, lies bitte das Gedicht vor!« Herr Ambuch holte mich aus meinen Gedanken.

»Martin, hast du keine Lust?«

Ich registrierte den Zettel auf meinem Pult, der am Anfang der Stunde verteilt worden war, und begriff immer noch nicht so recht.

»Ach so, ja, vorlesen ...«

Ich drehte das Blatt richtig herum und las: *Der hochwald erzieht seine bäume*

Der hochwald erzieht seine bäume

Sie des lichtes entwöhnend, zwingt er sie,
all ihr grün in die kronen zu schicken
Die fähigkeit,
mit allen zweigen zu atmen,
das talent,
äste zu haben nur so aus freude,
verkümmern

Den regen siebt er, vorbeugend
der leidenschaft des durstes

Er läßt die bäume größer werden
wipfel an wipfel:
Keiner sieht mehr als der andere,
dem wind sagen alle das gleiche
Reiner Kunze (1962)

Die wenigen Zeilen machten mich nachdenklich. Obwohl ich das Gedicht nicht ganz verstanden hatte, war ich unmittelbar betroffen.

»Nun – was fällt dir zu diesem Gedicht ein?«

Konnte ich es sagen? Natürlich nicht. Wer gab schon gerne vor der ganzen Klasse zu, sich miserabel zu fühlen und einer alten Liebe nachzutrauern.

»Es gefällt mir irgendwie«, sagte ich langsam. Und nach einer Pause: »Es erinnert mich an Schule.«
»Wieso das denn?« – Ich überlegte lange.
»Hier die Stelle: ›das talent, äste zu haben nur so aus freude, verkümmern‹. Ist ein Schüler nicht wie ein Baum im Hochwald, der seine Talente nicht entwickeln darf? In der Schule wird doch nur die Fähigkeit gezüchtet, gute Noten zu machen, möglichst viele Punkte zu sammeln.«
»Ein ziemlich einseitiger Ansatz, um an das Gedicht heranzugehen«. erwiderte Herr Ambuch. »Die Schule als Hochwald also. Wenigstens hast du begriffen, worum es geht: um ein Gleichnis, um eine Parabel.«
Ich ärgerte mich. Was sollte das heißen – einseitiger Ansatz? Warum wohl hatte mich dieses Gedicht sofort angesprochen? Weil ich es sofort mit mir vergleichen konnte! War ich nicht aufgezogen worden, statt selbständig aufzuwachsen – wie ein Baum im Hochwald, der zur gleichen Zeit wie seine Kollegen eingepflanzt worden war und darum ständig mit ihnen auf gleicher Höhe bleiben mußte? Ich durfte nicht wachsen, um zu leben, sondern um als Nutzholz verwertet zu werden!
»Sie des lichtes entwöhnend« – dem Menschen die Hoffnung nehmen. »Den regen siebt er, vorbeugend der leidenschaft des durstes«. – meine Bedürfnisse, meine Neugier wurden kleingehalten. Wachsen bedeutete nicht, erfahrener und weiser zu werden, sondern die völlige Gleichschaltung – »dem wind sagen alle das gleiche«. Ambuch hatte inzwischen meine Klassenkameraden über formale Gesichtspunkte des Gedichtes ausgequetscht. Die Diskussion über den Inhalt gelangte schnell zu meinen eigenen Überlegungen. Der Vergleich zwischen Schule und Hochwald war für uns alle leicht nachvollziehbar. Beschnitt man unsere Talente nicht durch die ganze Punkteschinderei, siebte man uns nicht durchs Abitur, erzog man uns nicht für die pure Verwertung?

Matthias brachte es auf den Punkt: »Wir machen hier etwas völlig Absurdes. Wir sitzen in der Schule und deuten ein Gedicht, indem wir die Erziehung von Bäumen im Hochwald und unsere Prägung durch die Schule miteinander vergleichen. Wir stellen dabei fest, daß unser Schulsystem dem einzelnen Schüler nicht gerecht wird. Gleichzeitig sind Äußerungen in diesem Unterricht mitentscheidend für die Kursnote. Und die Notengebung ist ein Teil der Erziehung, die wir kritisieren. Das ist doch pervers!«

»Jetzt muß ich energisch widersprechen«, fuhr Harald Ambuch dazwischen, wurde aber von einem Beifallssturm aus den hinteren Reihen unterbrochen.

»Das Gedicht ist natürlich pessimistisch«, setzte er erneut an, »und ich kann ja verstehen, daß ihr es eurer eigenen Situation ähnlich findet. Aber ich habe es wirklich satt, daß ihr aus einem solchen Gefühl das Argument macht, es sei sowieso alles schlecht. Macht doch nicht die Schule für alles verantwortlich!«

Eine typische Argumentation von Erwachsenen, die aber nichts an meinen Gedanken zum Gedicht änderte.

»Und jetzt zu einem Punkt, den ihr bis jetzt völlig übersehen habt. Wer weiß etwas über den Autor Reiner Kunze?«

Prompt meldete sich Wolfgang, der sich aus der hitzigen Diskussion herausgehalten hatte. »Reiner Kunze ist ein Schriftsteller aus der DDR, der seit einigen Jahren im Westen lebt.«

»Weißt du auch, warum er die DDR verlassen hat?«

»Ich glaube, seine Werke durften im Osten nicht erscheinen«, antwortete Wolfgang.

»Stimmt genau«, erwiderte Ambuch. »Nach dem Erscheinen seines Buches ›Die wunderbaren Jahre‹ in der Bundesrepublik wurde er aus dem Schrifstellerverband der DDR ausgeschlossen; er konnte also keine Bücher mehr in der DDR veröffentlichen. 1977 kam er in die Bundesrepublik. Das Gedicht stammt allerdings aus dem Jahr 1962 und bezieht sich folglich auf die DDR.«

»Soll das heißen, das Gedicht hat mit uns nichts zu tun, sondern nur mit der DDR?« Das war wieder Matthias.

»Dein Einwand ist falsch formuliert«, sagte Ambuch völlig ruhig. »Du darfst selbstverständlich Schule und Hochwald miteinander vergleichen, aber bei der Gedichtinterpretation müßt ihr auch die persönliche Situation des Autors berücksichtigen. Darum stehen der Hochwald und seine Bäume in erster Linie für die DDR.«

»Aber was bleibt uns Schülern in Köln anderes übrig, als Gedichte mit eigenen Erfahrungen zu vergleichen«, gab Sabine zu bedenken.

»Das dürft ihr ja«, sagte unser Lehrer. »Aber solch ein Gedicht ermöglicht es auch, sich mit einer fremden Welt auseinanderzusetzen. Schule in der DDR ist ungleich härter und strenger als hier. Eine freie Berufswahl in unserem Sinne gibt es ebenfalls nicht. Im Hochwald der DDR stehen die Bäume viel enger als bei uns.«

Als Matthias zu einer Gegenrede ansetzte, klingelte es, und Ambuch winkte ab. »Tut mir leid, wir haben gleich Konferenz. Zum nächsten Mal denkt bitte darüber nach, warum die Verhältnisse in der DDR bei der Gedichtinterpretation nicht ausgelassen werden dürfen.«

Wut stieg in mir hoch. Verdammt noch mal, ich war doch in Köln aufgewachsen, nicht in Ost-Berlin, also mußte ich mich doch mit Kölner Zuständen auseinandersetzen. Ich konnte doch nicht ständig in die DDR fahren, um mir klarzumachen, wie gut es mir angeblich ging. Ambuchs Haltung war einfach typisch. Wenn mir in unserem Land etwas nicht paßte, dann hieß es gleich, im Kommunismus sei alles viel schlimmer. Übersah man nicht, daß ich in diesem Land leben wollte und darum hier Kritik üben mußte – an Atomrakteten und Wald-

sterben, an Neonazis und Ausländerfeindlichkeit zum Beispiel?
Klar, ich war nie in Berlin oder in der DDR gewesen. Erst im nächsten Frühjahr wollte ich mit dem Geschichte-Leistungskurs nach Berlin fahren.
Ich erinnerte mich an meine Zeit in der Grundschule. Damals hatten wir in der Vorweihnachtszeit immer Pakete voller Lebensmittel für Menschen in armen Ländern gepackt. Einmal schickten wir solche Pakete auch in die DDR. Früher dachte ich, dieses Land sei genauso weit weg und die Menschen dort genauso arm wie in Afrika – Hungernde mit aufgequollenen Bäuchen.
Als ich zwölf war, nahm Großvater mich zu einer Versammlung der Heimatvertriebenen Schlesiens mit; meine Großeltern waren nach dem Krieg von dort nach Köln gekommen. Erst Jahre später begriff ich, daß mit »unseren Brüdern und Schwestern im Osten«, von denen die Redner sprachen, die Menschen in der DDR gemeint waren. Die DDR wurde immer als abschreckendes Beispiel benutzt – wie im Unterricht gerade eben, als Harald unserer Kritik die Schärfe nahm, indem er auf die DDR verwies. Und ich mußte mir diesen Vergleich gefallen lassen, weil ich es nicht besser wußte. Dementsprechend ratlos waren auch meine Freunde nach dem Unterricht. Uns allen hatte das Gedicht gut gefallen, weil es uns selbst betraf.
»Der springende Punkt ist doch der«, erregte sich Gisela, »daß das DDR-Argument uns jedesmal den Wind aus den Segeln nimmt.« Ich unterbrach sie. »Und warum? Weil wir nicht wissen, was dort los ist, was die Jugendlichen in der DDR denken und fühlen, was sie anziehen, was für Platten die hören, diesen ganzen Alltagskram eben ...« Renate ergänzte meinen Gedanken: »Vielleicht bekommen wir auf unserer Berlin-Tour etwas davon mit?«

Berlin, im März

I

Knapp vier Monate waren seitdem vergangen. Nun saß ich mit fünfzehn anderen Schülern vom Leistungskurs Geschichte in einem kleinen Bus, der kurz vor dem Grenzkontrollpunkt Helmstedt auf der Autobahn Hannover–Berlin gemütlich dahinschaukelte. Von meinen engeren Freunden waren Matthias und Susanne mit dabei. Wir drei hatten uns vorgenommen, uns in Ost-Berlin mit Jugendlichen aus der DDR zu unterhalten. Hoffentlich war das möglich.
Hinter mir hatten zwei Mädchen andere Sorgen. »Du – hast du auch so wahnsinnige Angst vor der Grenze? Ich kann mir gar nicht vorstellen, daß diese Grenzsoldaten normale Menschen sind«, flüsterte die eine.
Meine Güte, du übertreibst es aber wirklich, dachte ich. Dennoch schien uns alle eine ähnliche Stimmung zu ergreifen. Nachdem wir den bundesdeutschen Zoll passiert hatten, wurde es still im Bus. In vorschriftsmäßigem Tempo schlichen wir auf die Grenzanlagen zu.
Wir hielten an, ein Grenzer in grauer Uniform kletterte in unseren Bus und wanderte langsam durch die Reihen, wobei er Gesicht für Gesicht mit den Paßfotos verglich. Keiner sprach, und die Erleichterung war groß, als der Beamte endlich mit der Hand an seine Mütze tippte und uns eine gute Fahrt wünschte.

Aus dem Fenster beobachtete ich die Grenzsperren: Maschen- und Stacheldraht, Bodenschwellen und spanische Reiter als Panzerhindernisse machten einen martialischen Eindruck. Am Waldrand, einige hundert Meter hinter den Zäunen, sah ich zwei Soldaten mit umgehängten Maschinenpistolen. An der Autobahn stand auf einem riesigen Betonsockel ein alter Panzer, zur Erinnerung an den Sieg der Sowjetunion über Deutschland im letzten Weltkrieg.

Der Bus fuhr wieder an, passierte die Anlagen und beschleunigte.

Das Gefühl der Bedrohung verschwand, unsere Befürchtungen hatten sich nicht bestätigt. Die Kontrolle war normal und fair gewesen, die DDR hatte sich »von ihrer sanften Seite« gezeigt und uns keine Gelegenheit gegeben, Vorurteile zu verstärken.

Noch knapp drei Stunden bis Berlin. Ich versuchte, etwas vom Leben zu beiden Seiten der Transitautobahn mitzubekommen, aber außer viel Grünem, zwei Raststätten und Silhouetten mehrerer Städte sah ich nichts Aufregendes. Susanne winkte DDR-Leuten zu, die uns in ihren kleinen Autos überholten; einige grüßten freundlich zurück. Ob sie diese Begegnung als alltäglich empfanden? Ohne Gespräche war dies kaum zu beantworten.

In West-Berlin wurden wir in einer zu einem Gästehaus umgebauten Villa im Stadtteil Nikolassee untergebracht. Matthias und ich teilten ein Zimmer.

Herr Schäfer, unser Geschichtslehrer, ließ uns nach dem Abendessen freien Lauf. Wir sollten lediglich bis elf wieder zurück sein. Matthias, Susanne und ich fuhren mit der U-Bahn in die Innenstadt und spazierten langsam Richtung Kurfürstendamm. Die Prachstraße Berlins strahlte in allen Farben, der Verkehr schob sich sechsspurig über den Asphalt. Viele Parolen und Graffiti machten darauf aufmerksam, daß es

noch eine andere Art von Wirklichkeit in dieser Stadt gab als die heile Geschäfts- und Einkaufswelt.
Wir gingen zur nächsten U-Bahn-Station, um einen kurzen Abstecher nach Kreuzberg zu machen. Dieser Stadtteil wirkte düster. Vorbei an türkischen Läden und zerfallenen Häusern erreichten wir ein kanalisiertes Nebenflüßchen der Spree. Es war noch zu kalt, um sich an die Promenade zu setzen, und darum zogen wir es vor, ein Bier in einer warmen Kneipe zu trinken. Auf dem Rückweg liefen wir noch voller Neugier in eine der Mietskasernen. Die Häuser hatten Festungscharakter, da sie, meist im Viereck gebaut, einen Innenhof umschlossen, der von einem einsamen Kastanienbaum beherrscht wurde, der sein Grün wie im Hochwald in die Krone schicken mußte, um etwas vom Tageslicht zu erhaschen. Der Himmel kam erst dann ins Blickfeld, wenn man beinahe senkrecht emporstarrte.
Am nächsten Morgen, nach dem Frühstück, fuhren wir alle gemeinsam in die Stadt. Wir einigten uns darauf, keine organisierte Stadtrundfahrt mitzumachen, sondern die typischen Touristenziele zu Fuß abzuklappern. Diesmal stiegen wir direkt am Kurfürstendamm aus und besichtigten die Reste der Kaiser-Wilhelm-Gedächtniskirche, die zur Mahnung an den letzten Krieg in zerstörtem Zustand belassen worden war und wie ein Fremdkörper im Verkehrsgewühl wirkt.
Durch den Zoologischen Garten erreichten wir die »Straße des 17. Juni«, die in der Mitte von einer preußischen Siegessäule beherrscht wird; wenig später kamen wir zum alten Reichstagsgebäude in unmittelbarer Nähe der Mauer. Hier hatten Sowjetsoldaten ihren Sieg über Hitler gefeiert, indem sie die rote Flagge der russischen Revolution auf dem Gebäude hißten. Vom Aufgang des ehemaligen Reichstages sah die Mauer wie ein architektonisches Kunstwerk, wie die Ausgeburt einer wilden Phantasie aus. Noch befremdlicher

war der Blick über die Mauer. Das Axel-Springer-Hochhaus, in dem Deutschlands mächtigster Verleger residierte, überragt alle anderen Häuser und schien in Ost-Berlin zu stehen, hinter den Grenzanlagen! Nur der Fernsehturm in der DDR war höher.

Zurück zur »Straße des 17. Juni«, gingen wir Richtung Osten auf das Brandenburger Tor zu. Je näher wir kamen, desto weniger sahen wir von dem Bauwerk, da die Mauer mit ihren vier Metern Höhe unser Gesichtsfeld immer stärker beschnitt. Die Wachtürme links neben den Torsäulen hatten etwas Ernüchterndes und Unwirkliches; ihr Gegenstück auf Westberliner Seite bildete eine Holzplattform, etwa fünfzehn Meter von der Mauer entfernt. Wir stiegen auf das Gerüst. Auf beiden Seiten standen Menschen mit Ferngläsern, hier die Touristen, dort die Grenzsoldaten, die sich gegenseitig beobachteten. Deutsch-deutsche Wirklichkeit. Außer einem patrouillierenden Grenzerpaar mit Wachhund direkt vor den Torsäulen war kein Leben auf der anderen Seite zu sehen. Auf der breiten, schnurgeraden Straße hinter den Säulen bewegten sich ganz in der Ferne ein paar Autos in Spielzeuggröße. Mein erster Schrecken, durch die Wucht der Grenzanlagen ausgelöst, war vorüber. Mir kam alles völlig unsinnig und unwirklich vor, was sich hier tat. Betroffenheit und Staunen wechselten einander ab.

Im kalten Wind wurde die Mauer zur unfaßbaren Realität. In einiger Entfernung sah ich Häuser direkt hinter der Mauer stehen. Von dort wäre es sicher möglich, auf Westberliner Gelände zu gelangen – mit Seilen oder vielleicht einem Drachenflieger. Solche Gedanken waren natürlich utopisch, doch das massive Ding provozierte sie geradezu. Wir blieben lange auf der Plattform stehen, starrten einfach rüber, obwohl sich nichts bewegte. Nicht einmal Vögel landeten dort, als ob sie wüßten, daß es sich um verbotenes Gebiet handelte.

Mir kam plötzlich der Verdacht, daß wir uns an diesem Ort deswegen so lange aufhielten, weil die Mauer wie ein Spiegel war, in dem wir uns selbstgefällig betrachten konnten. Ein Spiegel, der uns erzählte, wer der Schönste im (deutschen) Lande war. Interessierten uns eigentlich die Menschen jenseits des Todesstreifens, oder löste die Mauer lediglich unseren Ekel über ein verabscheutes Gesellschaftssystem aus? Ich fragte mich, woran man diese beiden Sichtweisen unterscheiden könnte. Vielleicht an der Ernsthaftigkeit, sich um Verständnis für »die da drüben« zu bemühen?
Wir machten einer amerikanischen Touristengruppe Platz, die sich auf die schmale Plattform drängelte. Die Amerikaner machten einen wesentlich unbefangeneren Eindruck als wir. Während sie sich gegenseitig auf die Einzelheiten des Panoramas aufmerksam machten und die Mauer beinahe wie eine Touristenattraktion à la Disneyland bewunderten, war die überwiegende Reaktion bei uns Schweigen, Betroffenheit und Wut.
Susanne, Matthias und ich hatten noch genügend Zeit, uns in der Nähe des Potsdamer Platzes auf ein Bier in eine Kneipe zu setzen, da wir mit Herrn Schäfer abgemacht hatten, uns um vier Uhr am amerikanischen Grenzübergang Checkpoint Charlie wieder zu treffen. Wir schwiegen uns an, alberten ein bißchen herum, um das Durcheinander unserer Gefühle zu überspielen.
»Was soll man da noch sagen«, versuchte Susanne als erste ihr Empfinden zu schildern. »So schlimm hatte ich es mir wirklich nicht vorgestellt. Welches kranke Hirn hat sich so etwas Abscheuliches ausgedacht!«
»Ich glaube fast«, sagte Matthias, »die Konsequenz, mit der hier eine Idee zu Ende gedacht und durchgeführt wurde, hat etwas mit uns Deutschen selbst zu tun. Im Dritten Reich hat man den Rassenwahn zielstrebig in die Tat umgesetzt. Und in

der DDR hat man erkannt, daß ein Sozialismus ohne Menschen keiner ist, also mußte man die Menschen durch die Mauer an der Flucht hindern.« Und nach einer nachdenklichen Pause setzte er hinzu: »Was ja wohl gelungen ist!«
Ich ergänzte: »Wofür wir der DDR Anerkennung zeigen sollten! Die haben wirklich gute Arbeit geleistet!«
Im selben Moment hätte ich mir am liebsten auf die Zunge gebissen. Mein Verhalten war mehr als arrogant. Ich kam aus Westdeutschland und war gerade einen Tag in Berlin. Wir hatten einen Blick über die Umzäunung der Stadt geworfen und beurteilten damit den ganzen Staat dahinter. Natürlich gehörte die Mauer zur DDR-Wirklichkeit wie – Coca-Cola zu Amerika. Aber daraus zu schließen, die Mauer sei der Sozialismus, und die DDR damit endgültig in eine Schublade zu stekken, war keine großartige Leistung von uns. Ich ahnte, daß es dringend nötig war, ein paar andere Eindrücke als den heutigen zu sammeln.
Wir verließen die Kneipe und spazierten die Mauer entlang, die in wildem Zickzackkurs der Sektorengrenze folgte. Der Wall war auf der ganzen Länge über und über mit Zeichnungen und Parolen vollgemalt. Ich hatte plötzlich die unangenehme Vorstellung, ich selbst sei der Eingesperrte, der einen Hofgang entlang der Gefängnismauer absolviert, und nicht die da drüben.
Die Freiheit lag nun hinter der Mauer. Dieser Gedanke beunruhigte mich.
Den Parolenmalern war diese Idee nicht gekommen. Das Spektrum der Äußerungen reichte von »Gebt endlich Deutschland frei«, »DDR = KZ« über »wenn Mauern wählen könnten« und »the wall will fall, tear down the wall« bis »this wall is an illusion«. Neben Sprüchen aus der Hausbesetzerszene lasen wir die ironische Aufforderung: »Kommt doch rüber!« Zwei weitere Graffiti mahnten die andere Seite des

Mauerbaus an: »this is the wall, but where are the good sides?« und »Laßt euch nicht BRDigen!«
Unserer Wanderung endete an einem Schild mit der Aufschrift »Allied Checkpoint«. Dort beobachtete ich die Passanten, die uns überholten und dann Richtung Stadt abbogen, ohne die Mauer mit einem einzigen Blick zu würdigen. Sie nahmen das Bauwerk überhaupt nicht mehr wahr!
Wir überquerten die Straße, vorbei an einer Schranke, wo britische Soldaten die ankommenden Autos kontrollierten, und trafen mit unseren Klassenkameraden zusammen.

2

Am Donnerstag war es endlich soweit: Unser Besuch im Osten der Stadt stand unmittelbar bevor. Schäfer unterließ es, uns großartige Belehrungen mit auf den Weg zu geben. Wir hatten am Abend vorher vereinbart, daß wir vormittags gemeinsam die Stadt besichtigen wollten und dann auf eigene Faust losziehen durften.
Unsere U-Bahn fuhr aus Wedding kommend anscheinend betont vorsichtig in den Ostsektor hinein. Der Tunnel verengte sich. Wären die Fenster offen gewesen, hätte ich ohne große Anstrengung die Wände berühren können. Wir passierten nacheinander drei tote Haltestellen. Auf einem Bahnsteig beleuchtete ein glühendes Zigarettenende schemenhaft ein Gesicht unter einer Dienstmütze. Endlich hielt der Zug in der Friedrichstraße. Wir verließen die U-Bahn gemeinsam mit einem Dutzend alter Frauen, die schwerbepackt auf die Kontrollen zugingen. Eine Rolltreppe hoch, einen langen, steigenden Gang hinauf, ein Intershop zur Linken, eine Treppe runter zur S-Bahn-Station, noch ein Intershop, wieder eine

Treppe rauf folgten wir den Schildern »Zur Grenzübergangsstelle«.
Wir reihten uns in eine der wartenden Schlangen ein, die sich vor einer breiten Front von Kontrollstellen bildeten. »Tagesaufenthalt BRD« stand auf dem weißen Schild, auf das ich mich langsam zubewegte.
Schließlich gelangte ich in die schmale Kabine. Der »Grenzeffekt« trat wieder ein: Während in der Schlange noch geredet und gelacht worden war, herrschte nun gespannte Stille. Über mir bemerkte ich einen schräg aufgehängten Spiegel, mit dem der Beamte den schmalen Gang, in dem ich stand, vollständig einsehen konnte. Ich schob dem Grenzer meinen Paß und ein Fünf-Mark-Stück für die Visumgebühr zu, wie ich es bei meinem Vorgänger beobachtet hatte. Der Beamte beschäftigte sich etwa eine Minute mit dem Ausweis. Was er genau tat, war nicht zu sehen.
Mir zitterten plötzlich die Knie, als der Offizier mir mit mechanischem Blick prüfend ins Gesicht blickte. Ich kam mir wie ein Verbrecher vor, der sich kurz vor seiner Festnahme wähnt. Ein leichtes Nicken beendete die Kontrolle, er reichte den Paß zurück. Ich steckte ihn ein und drückte die Tür am Ende der Kabine auf, nachdem ein Summer ertönte. Die nächste Station bildete ein Holzhäuschen, in dem eine Beamtin mir kommentarlos fünfundzwanzig Mark »zwangsumtauschte«. Dann der Zoll: Anstandslos durfte ich passieren, öffnete eine Schwingtür, die von zwei weiteren grauuniformierten Beamten flankiert wurde, und fand mich in einer Bahnhofshalle wieder.
Ich sah mich um. Das war der Bahnhof Friedrichstraße, diesmal Abteilung Ost. Die Menschen hier hasteten genauso eilig durch die Halle wie im Westen. Ungewöhnlich waren nur einige ältere Leute, die hinter einer Barriere gespannt auf das Tor zur anderen Welt starrten, nämlich auf die Schwingtür,

durch die ich die Halle betreten hatte. Sie warteten bestimmt auf Verwandte aus dem Westen.

»War doch ganz harmlos, was?« sagte Schäfer neben mir, als wir endlich vollzählig waren. »Wir fahren jetzt mit der S-Bahn zum Marx-Engels-Platz.«

Der Zug stand schon abfahrbereit am Bahnsteig. Die S-Bahn fuhr quietschend an, verließ den Bahnhof und bewegte sich auf einer Hochtrasse Richtung Innenstadt. Als wir am Marx-Engels-Platz ausstiegen, musterte ich die Menschen auf dem Bahnsteig. Waren sie nicht eine Spur »synthetischer« gekleidet als wir? Jedenfalls beherrschten Kunstlederjacken und Chemiefaserhosen, auch bei vielen Jugendlichen, das Bild. Die Kleidung war in unauffälligen Tönen gehalten, grelle Farben sah man so gut wie gar nicht. Und der Bahnhof? War er nicht einen Grad schmutziger und trostloser als in West-Berlin? Ich achtete plötzlich auf Kleinigkeiten, die mir sonst nie aufgefallen wären.

Wir liefen die Straße »Unter den Linden« entlang, an deren Ende undeutlich das Brandenburger Tor zu erkennen war. Die Straße war breit und wirkte tot, weil nur wenige Autos und Menschen unterwegs waren. Die riesigen, alten Gebäude zu beiden Seiten verstärkten diesen Eindruck noch.

»Hier finden vor allem Aufmärsche zu nationalen Gedenktagen der DDR statt«, erläuterte Schäfer. »Erinnert ihr euch noch an den Videofilm, den ich euch vor kurzem gezeigt habe?«

Während Schäfer weiterredete, fielen mir die Bilder wieder ein. Tausende von uniformierten Jugendlichen hatten sich hier im Oktober 1979 versammelt, um den dreißigsten Jahrestag der DDR zu feiern. Aber nicht mit einem Volksfest! Man hatte sich artig in Reih und Glied geordnet, um drei Stunden lang in nicht enden wollenden Kolonnen an der Ehrentribüne vorbeizumarschieren und den Ostblockführern, die sich vor der Neuen Wache versammelt hatten, die Ehre zu erweisen. Als die ersten der vielen tausend Fackeln entzündet waren, war die Straße in gespenstisches Licht getaucht. Die roten Flaggen und Transparente hatten vielfältige Schatten geworfen, als plötzlich eine Stimme in die Dämmerung tönte: »Die Deutsche Demokratische Republik, unser sozialistisches Vaterland, sie lebe hoch! hoch! hoch!«

Als Leonid Breschnew eintraf und auf die Bühne geführt wurde, blendeten Scheinwerfer auf und bildeten einen Lichtdom über dem greisen Mann. Die Jugendlichen skandierten begeistert: »Le-o-nid-Bresch-new-E-rich-Ho-nek-ker-Le-o-nid-Bresch-new-E-rich-Ho-nek-ker!«

Die Kapelle spielte einen spritzigen Marsch, und die Kolonnen setzten sich in Bewegung. Ich stellte mir vor, daß ein solches Spektakel in Bonn stattfinden würde – statt Erich und Leonid würden Hunderttausende von westdeutschen Jugendlichen dem Bundeskanzler und dem Präsidenten Amerikas zujubeln: einfach unvorstellbar!

Wir gingen zurück, vorbei an der Staatsoper bis zum Marx-Engels-Platz. Schäfer zeigte auf einen riesigen Glasbau: »Dort drüben stand früher das alte Berliner Schloß. Man hat es abgerissen, um Platz zu schaffen für den Palast der Republik mit dem dazugehörigen Palasthotel!« Der Palast ist ein riesiges Gebäude, zwanzig Meter hoch und über hundertzwanzig Meter lang, die Fassade aus spiegelndem, braungetöntem Glas. Zur Spree hin gewandt findet sich ein Restaurant mit Bowlingbahnen, eine Wein- und eine Bierstube sowie ein Café; im Erdgeschoß hängen in einer hohen Wandelhalle riesige Gemälde an den Wänden, die Szenen aus der Arbeitswelt zeigen. Im oberen Teil des Palastes ist der Sitzungssaal der Volkskammer, von der formalen Bedeutung her unserem Bundestag vergleichbar.

Wir verließen das Gebäude, das samt Hotel durch seinen modernen Baustil in der grauen Masse der übrigen Häuser auffiel, und liefen auf den Fernsehturm zu. Er stakt aus Ost-Berlin wie ein riesiger Zeigefinger heraus. Die Höhe des Turms sollte wohl die Bedeutung der Stadt demonstrieren, dachte ich ironisch. Am Turm vorbei gelangten wir auf den Alexanderplatz. Das Gelände ist sehr weitläufig und beinahe menschenleer, umrahmt vom Hochhaus des Hotels »Stadt Berlin« mit seinen vierzig Stockwerken, dem Centrum-Warenhaus und der Bahnstation. Gleich dahinter befindet sich eine kleine Grünanlage mit Wasserspiclen, die allerdings wegen der Kälte nicht in Betrieb waren. An den Verkaufsbuden am Fuße des Fernsehturms standen nur wenige Menschen und bissen einsam in ihre Brötchen.

Der Wind pfiff erbärmlich kalt über den Platz. Das Zentrum der Stadt wirkte merkwürdig öde und langweilig. Berliner wie Touristen hatten es eilig, hier wegzukommen. Nur unter der Weltzeituhr am Rand des Platzes standen ein paar junge Leute und blickten von Zeit zu Zeit auf die Uhr. Sie warteten offensichtlich an diesem markanten Treffpunkt auf Freunde.

Wir stürmten eine Selbstbedienungsgaststätte, um der düsteren Atmosphäre zu entrinnen. Das Lokal war sehr ungemütlich, das Essen miserabel, der Kaffee schmeckte, als ob er zu lange gebrannt worden war – dafür waren die Preise sehr niedrig. Wir aßen so schnell wie möglich, um weiterzugehen.

Ein letzter Gang führte uns die Karl-Marx-Allee hinunter. Schäfer erklärte, daß der Aufstand des 17. Juni hier seinen Anfang genommen hatte. Wir schlenderten langsam die breite Straße entlang, von der ich mir gut vorstellen konnte, daß sie sich wohl nur dann mit Leben füllte, wenn die Massen aufmarschierten. Trotzdem brachten die spielerischen Verschnörkelungen an den bombastischen Gebäuden die Atmosphäre vergangener Zeiten zurück, die am Alex durch den massiven Einsatz von Beton vernichtet worden war. Hier gefiel es mir bis jetzt am besten, denn es gab hohe Arkaden, viel Grün und

die gewisse Unordentlichkeit, die ich am Alexanderplatz vermißt hatte.
Matthias, Susanne und ich waren froh, daß Schäfer den offiziellen Teil des Tages für beendet erklärte und wir endlich auf eigene Faust losziehen konnten. Wir beschlossen, Richtung Norden zu laufen, dorthin, wo wir Wohnviertel und gemütliche Kneipen vermuteten. Während es in West-Berlin an jeder Ecke eine Pinte gab, mußten wir hier allerdings laufen und laufen. Endlich war es geschafft. An einer düsteren Ecke signalisierte ein unbeleuchtetes Schild: »Gaststätte«.
Wir betraten einen schwach erleuchteten, langgestreckten Schankraum. Zigaretten- und Bierdunst, gemischt mit Schweißgeruch, kam uns entgegen. Männer und Frauen, viele von ihnen noch in Arbeitszeug. Ihre Unterhaltung war eher gedämpft, nur hin und wieder war eine lautere Stimme oder ein Lachen zu hören. Matthias bahnte sich einen Weg durch die Leute, die dicht gedrängt vor dem Tresen standen, Susanne und ich folgten in seinem Kielwasser.
An den Tischen war kein Platz mehr frei, wir mußten stehen. Ich sah mich um: Niemand in unserem Alter war zu sehen. Ich bestellte bei dem schnauzbärtigen Wirt drei Bier, und während ich wartete, lauschte ich dem Gespräch meiner beiden Nachbarn, ein Mann und eine Frau, beide etwa fünfzig Jahre alt, die sich über Produktionsziffern und Prämien unterhielten. Zwischen zwei Sätzen starrte die Frau mich unverhohlen an. Ich sah weg, wurde auf einen Schlag unsicher und hoffte inständig, meine drei Bier würden bald kommen. Hilflos sah ich mich nach Matthias und Susanne um, doch sie waren irgendwo in der Menge verschwunden.
Die Frau tippte mir leicht auf die Schulter. »Du hast auch Feierabend für heute?«
Ich lächelte schüchtern, versuchte einen selbstbewußten Eindruck zu machen. »Nein, eigentlich nicht.«

»Hm.« Sie schwieg einen Moment, blickte mich dann wieder offen an. »Du bist nicht von hier?«
Ich schüttelte den Kopf.
»Tourist?« Sie frage knapp und bestimmt, als steuere sie auf ein Ziel zu. Wieder blieb ich stumm, nickte nur. Sie musterte mich von oben bis unten. Kurze Haare, roter Nylonpullover, verwaschene Jeans, Stiefel. »Von drüben?«
Verlegen sagte ich: »Ja«.
»Es ist schön, daß ihr euch auch mal hier blicken laßt. Die Jugend kommt ja kaum noch zu uns«, sagte sie und stieß ihren Nachbarn an. »Nicht wahr?«
Der Mann sah sich aufmerksam um. Nach der Kellnerin? Oder versicherte er sich, daß keine ungebetenen Zuhörer seinem Gespräch mit einem Westdeutschen folgten? Nach einer kurzen Pause fragte er: »Was machst du in Berlin?«
»Unsere Klasse ist zu Besuch in West-Berlin, und heute sind wir alle rüber...« ich unterbrach mich, suchte nach einer anderen Formulierung, wollte die Mauer aus dem Spiel lassen – »hierhergekommen für einen Tag.«
Meine Erklärung schien ihn zu befriedigen, das Zögern hatte er nicht bemerkt. Er wirkte weniger mißtraurisch. »Du bis also Schüler? Ein Neffe von mir geht in Bonn aufs Gymnasium. Aber gesehen habe ich ihn schon lange nicht mehr. Er hat kein Interesse an uns.«
»Und seine Eltern, kommen die noch?«
»Alle zwei Jahre. Es ist immer wieder schön, meinen Bruder wiederzusehen.« Einen Moment lang versank er in Erinnerung. »Aber jetzt kommt seine Familie seltener, weil sie weniger Geld haben – er ist arbeitslos.«
Ich zuckte hilflos die Achseln. »Das ist traurig bei uns mit den Arbeitslosen.« Mein Gegenüber hatte eine wesentliche Schwäche unseres Systems angesprochen. Er schien aber wenig Lust zu haben, weiter darüber zu reden.

Seine Nachbarin fragte nach einer Pause: »Stimmt das, daß man in der BRD« – Bee-ärr-dee klang das bei ihr – »alles kaufen kann, daß es dort keine Schlangen gibt?«
Ich konnte nur nicken; das Gespräch blieb zäh.
Als mir der Wirt die drei Bier hinschob, bedeutete dies eine willkommene Unterbrechung. Ich zahlte und suchte mit zwei Gläsern Matthias und Susanne. Nach einer kurzen Erklärung ging ich wieder an die Theke und nahm einen tiefen Schluck Bier. Dann wurde das Gespräch offener. Der Mann entschuldigte sich sogar für seine Zurückhaltung. »Hier müssen wir aufpassen, weißt du, wir können nicht einfach unsere Meinung sagen.«
Ich senkte verständnisvoll die Lider.
»Seitdem die CDU an der Regierung ist, habe ich ganz schön Angst, daß mein Bruder nicht mehr kommen darf.« Ich war sprachlos, wie schnell die Distanz zwischen uns verschwand.
»Wieso?« fragte ich harmlos und vorsichtig zugleich zurück.
»Die sind doch viel zu forsch, die schlagen einfach die falschen Töne an.«
»Wieso«, sagte ich noch einmal, »so sehr hauen die ja nun auch nicht auf den Putz.«
»Der Meinung bin ich aber doch«, widersprach mein Gesprächspartner. »Die meinen noch immer, sie können für uns mitsprechen. Aber da erreichen die gar nichts, das kannst du mir glauben.«
Ich schwieg, hatte keine Lust, mich auf eine solche Diskussion einzulassen. Ich zog meinen Tabak aus der Tasche und packte die Blättchen aus. Genau in diesem Moment tauchte ein Junge in meinem Alter auf und stellte sich zu unserer Runde.
»Mein Sohn Peter«, erklärte der Mann stolz. Peter warf mir einen mißtrauischen Blick zu, dann bemerkte er den Tabak, der offen auf der Theke lag.

»Von drüben?« fragte er zurückhaltend.
»Der Tabak oder ich?«
»Beides.«
»Beides!« bestätigte ich. Wir schwiegen einen Moment.
»Ihr seid keinen Tabak gewöhnt?«
»Tabak gibt's hier schon. Nur kein Papier.«
»Papier?« Ich überlege eine Sekunde. »Du meinst Blättchen?«
»Ja.«
Wieder eine Pause.
»Wenn du willst, kannst du dir ruhig eine drehen«, sagte ich vorsichtig. Ich reichte den Tabak hinüber. Wortlos nahm ihn Peter und drehte bedächtig und ungeschickt eine dicke unförmige Zigarette.
»Ich habe keine Übung«, sagte er entschuldigend, worauf ich mit einem verständnisvollen Nicken reagierte.
Unser Verhältnis entspannte sich. Er war Schlosser in einem Eisenkombinat außerhalb von Berlin. Der Job gefalle ihm gut, für DDR-Verhältnisse gebe es hohen Lohn von über tausend Mark, das Klima im Betrieb sei auch nicht schlecht. Ich redete über meine bisherigen Eindrücke von der Stadt. Beide bemühten wir uns, die große Politik aus unserer Unterhaltung auszuklammern.
»Wie kommt es überhaupt, daß du dich als Westdeutscher ganz allein in eine Kneipe so weit außerhalb der Touristengegenden setzt?« fragte er.
»Du wirst es mir kaum glauben«, sagte ich lachend und inzwischen sicherer, »ich wollte so Leute wie dich einfach kennenlernen, um mehr über das Leben hier zu erfahren. Außerdem bin ich nicht allein hier.«
Ich winkte Matthias und Susanne und stellte die beiden vor. Unser Gespräch blieb die nächste Viertelstunde oberflächlich, weil wir kritische Themen vermieden.
»Ich finde es wirklich gut, daß ihr hier mit uns sprecht«, sagte

Peter schließlich beeindruckt. »So ein Interesse wünsche ich mir von allen Bundis.«
Wir fühlten uns geschmeichelt, während ich »Bundi« in »Bundesbürger« übersetzte.
»Wenn ihr Lust habt, könnt ihr mitkommen und zwei Freunde von mir am Bahnhof abholen. Sie sind aus Halle und wollen für einige Tage in Berlin bleiben.«
Wir drei sahen uns an. »Klar, wir kommen mit!«
Wir verabschiedeten uns von Peters Vater und dessen Begleiterin, bezahlten und liefen zur nächsten Haltestelle, um die Straßenbahn zum Ostbahnhof noch zu erwischen. Die Fahrt kostete zehn Pfennig, die in einen vorsintflutlichen Automaten eingeworfen werden mußten. Ich drehte an der Kurbel, nachdem der Apparat die Münze geschluckt hatte. Eine Fahrkarte erschien, die ich von einer Rolle abreißen mußte. Matthias und Peter zeigten mir, daß man die Karte auch ohne Geldeinwurf bekommen konnte.
Während wir in der Bahn saßen, erzählte Susanne von unserer Schule und unserer Freizeit in Köln. Peter war oft über Einzelheiten erstaunt und fragte dann nach unseren Auslandsreisen – mich nach Paris, Susanne nach Rom.
Peter wußte viel über die beiden Städte und war enttäuscht, wie wenig Neues wir ihm erzählen konnten. Er kannte Paris und Rom natürlich nicht aus eigener Anschauung, sondern durch Fernsehen, Bücher und Reiseprospekte, die er bei einer Leipziger Messe hatte ergattern können.
Mir fiel dabei auf, daß wir gar nicht in der Lage waren, die Kleinigkeiten hervorzuheben, die ihm wahrscheinlich nicht entgangen wären. Unsere Erfahrungsbereiche lagen zu weit auseinander.
Langsam merkte ich, worauf wir uns eingelassen hatten. Es war nicht einfach, Vorurteile beiseite zu lassen, sich zu öffnen und so neue Freunde zu gewinnen.

Peter erhoffte sich von uns eine Erweiterung seines Horizonts; eine Erwartung, die wir nicht erfüllen konnten, weil schon der Alltag in Köln und Ost-Berlin derart verschieden war, daß wir auf ganz unterschiedliche Dinge fixiert waren. Schon nach diesen wenigen Gesprächen fragte ich mich, ob eine richtige Verständigung in so kurzer Zeit überhaupt möglich war.

Am Ostbahnhof warteten ein Junge und ein Mädchen bereits vor dem Ausgang und begrüßten Peter überschwenglich. Dabei warfen sie neugierige Blicke in unsere Richtung.

»Darf ich vorstellen«, sagte Peter förmlich. »Matthias, Susanne und Martin. Christian und Angelika. Ich habe die drei in meiner Stammkneipe am Prenzlauer Berg aufgegabelt. Ratet mal, wo sie herkommen! Aus dem Westen!«

Wir musterten uns gegenseitig. Die zwei neuen Gesichter hatten einen neugierigen und doch distanzierten Ausdruck. Als sei unser Zusammentreffen völlig selbstverständlich, gaben wir uns die Hand – im Westen hätten wir uns sicher mit einem lustlosen »Hallo« begnügt. Ich hatte das Gefühl, beide Seiten empfanden Hilflosigkeit und verbargen sie.

»Ihr kommt aus Halle?« Susanne brach das Schweigen.

»Ja, wir wollen Berlin ein paar Tage genießen«, sagte Angelika, ein Mädchen mit einem schmalen Gesicht, braunen Augen und langen, dunklen Haaren.

»Mal 'ne Frage, die wahrscheinlich sehr dumm klingt.« Matthias schien verlegen. »Wo liegt Halle überhaupt?«

»Dreißig Kilometer westlich von Leipzig, an der Saale. Im Süden der DDR«, erläuterte Christian. »Ihr kennt euch in der DDR nicht so gut aus, was?«

»Nein, woher auch«, entgegnete ich. »Allerdings muß ich gestehen, daß ich von vielen Gegenden der BRD« – ich zuckte zusammen, als ich ganz gegen meine sonstige Gewohnheit die Abkürzung benutzte – »auch nicht viel mehr weiß. Ich

könnte eher sagen, wo Rom und Nizza liegen, als die Entfernung zwischen Hamburg und Stuttgart angeben.«
»Wir kennen uns sehr gut im eigenen Land aus«, sagte Christian.
»Müssen wir ja auch«, fiel Peter ein und verzog ironisch das Gesicht. »Wenn wir reisen wollen« – er betonte das »wir« –, »dann bleiben wir halt in der DDR. Nach Polen dürfen wir nicht, für die SU, Ungarn, Rumänien und Bulgarien brauchen wir ein Visum, und das bekommt man nicht so einfach. Bleiben nur die Ostsee, die Mark Brandenburg, der Thüringer Wald ... ist ja auch nicht schlecht.« Jetzt oder nie, dachte ich und stellte mutig die nächste Frage: »Wenn ihr in die Bundesrepublik oder in den Westen allgemein fahren könntet, würdet ihr wieder zurückkommen?«
Christian grinste. »Die Gretchenfrage der DDR.«
»Gretchenfrage?«
»Na, im ›Faust‹ von Goethe fragt doch Gretchen Faust: ‚Wie hältst du's mit der Religion?' Weißt du das nicht?«
»Nein, keine Ahnung. Machen wir in der Schule nicht.« Richtig dumm stand ich da.
Christian ging taktvoll darüber hinweg. »Dementsprechend lautet die Gretchenfrage der DDR, ob wir aus der BRD wiederkommen oder dem Kapitalismus erliegen würden. Für mich kann ich sagen, daß ich wieder zurückkommen würde. Aber wir dürfen ja nicht – die Frage stellt sich also nicht.«
Ich nickte. Das war deutlich. »Nehmen wir trotzdem mal an, die Mauer wäre morgen weg. Alle dürften in den Westen. Wie viele würden dort bleiben?«
»Wahrscheinlich so viele, daß hier nichts mehr geht. Sonst wäre die Grenze ja offen!«
»Also Vertrauen ist gut, aber Kontrolle besser? Eure Regierung scheint sich ja nicht sehr sicher zu fühlen.«
»Richtig. Aber ich will dir ganz ehrlich sagen, daß ich den Bau

der Mauer für eine damals richtige Entscheidung halte. Mein Vater hat mir davon erzählt, wie viele Menschen vor 1961 gegangen sind. Von heute auf morgen waren sie weg, der Arzt nebenan, der Betriebsleiter, der Friseur von gegenüber. Die haben hier ihre Ausbildung bekommen und im Westen das große Geld gemacht. Wenn man jemals so etwas wie Sozialismus verwirklichen wollte, dann mußte man die Grenze dichtmachen.«

Ich schwieg. Niemals hätte ich gedacht, daß jemand in meinem Alter die Mauer verteidigen könnte. Betroffen starrten wir uns an.

»Kommt, laßt uns was unternehmen«, löste Angelika die Spannung. »Peter, zeig uns mal, was die Hauptstadt der DDR zu bieten hat.«

»Berlin ist zwar groß«, sagte der. »Aber unternehmen kann man trotzdem nicht viel.« Er sah auf seine Uhr. »Kurz vor sieben. Ich schlage vor, ihr laßt eure Taschen in einem Schließfach und wir trinken erst mal ein Bier in der Tute.«

»Tute? Was ist das?« fragte ich.

»Eine Kneipe am Fernsehturm, die eigentlich ›Posthorn‹ heißt. Dort ist es nicht ganz so ungemütlich wie in anderen Lokalen.«

»Okay, dann los«, sagte ich. Wir fuhren mit der S-Bahn Richtung Friedrichstraße.

Nach diesem forschen Beginn war es für uns nicht einfach, mit Christian und Angelika weiter im Gespräch zu bleiben. Schwierig war das Nebeneinander von gleicher Sprache und unterschiedlichem Gesellschaftssystem, Worte des anderen wurden auf die Goldwaage gelegt.

Wir stiegen am Alex aus und steuerten auf einen langen, niedrigen Gebäudekomplex am Fuß des Fernsehturms zu, an dessen einem Ende sich eine Kneipe befand, die auf drei Seiten verglast und sehr voll war. Peter zeigte auf das Geschäft direkt daneben. »Das ist der zweitgrößte Freß-Ex der Republik. Da kannst du auf zwei Etagen Dinge kaufen, die es sonst in keinem unserer Geschäfte gibt. Den ganzen Westkram eben. Allerdings zu total überhöhten Preisen. Kennt ihr diese Gebäckmischung aus dem ALDI?«

»Du meinst so eine Tüte mit Plätzchen und Waffeln?«

»Genau. Wie teuer ist die bei euch?«

»Ich schätze, so um die zwei Mark. Aber warte mal. Was ist überhaupt ein Freß-Ex?«

»Ein Exquisit-Lebensmittelladen. Die Gebäckmischung kostet bei uns zwölf Mark!«

»Nee, echt?« Ich konnte es nicht glauben.

»Was soll's?« sagte Christian. »Mich regt das nicht auf. Die spinnen doch alle. Nur weil's aus dem Westen kommt, kaufen es die Leute wie die Irren.«

Nach einem kurzen Blick in die ungewöhnlich gefüllten Schaufenster schoben wir uns durch die Menge, die den Eingang der Kneipe blockierte, und hängten unsere Jacken an die Garderobenhaken.

Eine halbkreisförmige Theke beherrschte den Raum. Von ihr spannten sich sternförmig kurze Arme, an denen je vier Leute auf Barhockern sitzen konnten. Wie ein gigantischer Staubsauger hing über diesem Halbrund ein golden lackiertes, geschwungenes Posthorn.

Das Publikum war gemischt. Hippies, Soldaten in Uniform, Studenten und sogar Punks. Alle waren fast wie im Westen gekleidet. Die Distanz zwischen uns und unseren neuen Bekannten, unsere mangelnde Vertrautheit wurde in diesem Gewühl durch körperliche Nähe gemindert.

Um mich besser zu verständigen, beugte ich mich neben Angelikas Ohr und fragte: »Was machst du denn so, wenn du nicht auf Berlin-Tour bist?«

»Ich gehe noch zur EOS, in die elfte Klasse. Nächstes Jahr

mache ich Abitur.« Als sie meinen fragenden Blick bemerkte, fügte sie hinzu: »EOS heißt Erweiterte Oberschule.«

»Also so etwas Ähnliches wie bei uns das Gymnasium, nur mit einer Klasse weniger«, vermutete ich. »Was willst du danach machen?«

»Ich würde gerne Psychologie studieren«, antwortete sie. »Aber das wird nicht gehen.«

»Warum nicht?«

»Ich glaube nicht, daß ich delegiert, also für die Uni vorgeschlagen werde. Im Moment sieht es nicht danach aus.«

»Wieso nicht?«

»Bei uns kann nicht jeder studieren, der Abi hat. Du wirst von der Schule fürs Studium vorgeschlagen. Ich bin zwar von den Noten her recht gut, daran wird's nicht liegen. Aber meine Eltern sind beide keine Arbeiter, mein Vater ist Arzt und meine Mutter Krankenschwester im gleichen Krankenhaus. Arbeiterkinder werden nun mal bevorzugt. Außerdem bin ich nicht sonderlich in der FDJ aktiv, im Gegenteil«, sagte sie lächelnd. »Was möchtest du denn später machen?«

»Geschichte und Deutsch studieren. Oder eine Lehre machen. Ich weiß noch nicht genau. Zwischen Abi und Studium kommt so oder so der Zivildienst, falls es mit meiner Verweigerung klappt.«

»Ich glaube, jetzt muß ich nachfragen.« Angelika lachte. »Was meinst du mit Verweigerung?«

»Das ist so: Wer nicht zum Bund ...«

»Bund?«

»Zur Bundeswehr will«, erklärte ich, »der muß eine schriftliche Begründung an die Behörden schicken, warum er den Wehrdienst verweigern will.«

»Da mußt du dir mal anhören, wie das bei uns zugeht. Aber bist du wirklich davon überzeugt, daß du nicht auf andere Menschen schießen kannst?«

Sie traf einen wunden Punkt in mir – so sicher war ich mir wirklich nicht. Die Situation hier in Berlin brachte mich allerdings auf einen ganz neuen Gedanken. »Ich möchte es jedenfalls nicht darauf ankommen lassen, Angelika. Wenn ich mir vorstelle, ich müßte auf euch schießen, nein!« Ich schüttelte nachdrücklich den Kopf.

Angelika wechselte schnell das Thema. »Darf bei euch wirklich jeder studieren, der Abi hat?«

»Es gibt einige Studienfächer, für die ein sehr gutes Abitur notwendig ist. Schlimm ist nur, daß nach fünf, sechs Jahren Studium kein Job für dich da ist. Ich würde zwar gerne Lehrer werden, aber im Moment sieht es nicht danach aus, als ob das möglich sei. Achtung, fertig, arbeitslos! Dir geht's im Prinzip ja auch nicht besser, nur daß man dich erst gar nicht studieren läßt.«

»Mein Papa hat ganz gute Beziehungen, Krankenschwester oder so was kann ich auf alle Fälle lernen. Später könnte ich mich über ein Abendstudium weiterqualifizieren. Arbeitslos wird hier keiner«, sagte Angelika, mit einer leichten Betonung auf dem »hier«.

In der DDR durfte sie also nicht studieren, dachte ich, weil in ihrer Fachrichtung andere bevorzugt wurden und wenig Bedarf vorhanden war. War ein solches Verfahren sinnvoll oder nur ein Druckmittel für die Schüler?

Peter reichte sechs Wodka von der Theke rüber. Matthias und Susanne unterbrachen ihr Gespräch mit Christian, wir prosteten uns zu.

»Worauf trinken wir?« fragte Peter.

»Auf Berlin«, sagte ich und stieß mit Angelika an.

Sie lächelte und nahm einen tiefen Schluck.

»Irgendwie bin ich froh, dich kennengelernt zu haben«, sagte sie.

»Das geht mir genauso. Es ist ein sehr seltsames Gefühl,

neben dir zu stehen. Ich glaube, wir können viel voneinander lernen – nicht nur wir beide, sondern die Jugendlichen beider deutschen Staaten. Meinst du nicht?«

»Mag sein«, antwortete sie zögernd. »Doch wie häufig sind die Gelegenheiten dazu? Es ist doch sehr selten, daß Leute in deinem Alter herüberkommen und mit uns etwas zu tun haben wollen. Die meisten sind doch hier, um Vorurteile zu bestätigen. Sie setzen Mauer gleich Sozialismus, und wir als Menschen sind uninteressant.«

Es klang bitter, sehr bitter. Und ich mußte ihr innerlich recht geben.

»Ihr haltet euch für etwas Besseres, ihr kommt doch nur, um euch selbst zu bestätigen«, sagte sie, und ich fühlte mich prompt angegriffen.

»Ich nicht«, gab ich deshalb im Brustton der Überzeugung zurück.

»Mag sein«, erwiderte sie. »Einer von Tausenden. Und was ist mit dem Rest?« Sie nahm wieder einen tiefen Schluck. »Die DDR existiert nun einmal. Und sie dient nicht eurer Selbstbestätigung, sondern sie unternimmt ein schwieriges Experiment: Der Sozialismus soll aufgebaut werden. Ich bin weiß Gott keiner von denen, die auf alles stolz sind, was hier passiert. Aber ich gehöre genausowenig zu denjenigen, die weg wollen. Verstehst du das?« Sie sah mich an.

»Ich versuche es zumindest. Ich möchte mich gerne darauf einlassen. Aber merkst du nicht selbst, wie schwierig das ist? Du sprichst von ›ihr‹ und ›wir‹, dabei stehen nur wir beide uns gegenüber. Wenn ich mich mit einem Engländer unterhalte, ist das ein Mensch aus einem anderen Land mit einer fremden Sprache. Wenn wir miteinander reden, bin ich Deutscher und du auch. Wir vertreten keine Länder, weil wir im Grunde genommen aus einem Land kommen. Wir beide – und das ist fatal und schafft so viele Mißverständnisse – vertreten nicht uns selbst, sondern unsere Systeme. Dabei machen wir uns etwas vor, wenn wir dem anderen unterstellen, er wolle nur seine Vorurteile bestätigen, ja wir verteidigen womöglich noch Dinge, die wir ›zu Hause‹ nicht hinnehmen würden, aus Angst, unsere Kritik am eigenen System könnte falsch verstanden werden!«

Der Gedanke, der mich zu dieser langen Erklärung veranlaßt hatte, wurde immer deutlicher. Hier irgendwo mußte der Hund begraben liegen. »Ich gehe noch zwei Wodka holen, okay?«

»Okay«, sagte Angelika beinahe erleichtert. Ich hatte das Gefühl, in unserem Verhältnis hatte sich einiges geklärt.

»Martin«, sie hielt mich zurück, »es wird noch oft solche Mißverständnisse geben, das weißt du doch genau?«

Ich nickte und schob meinen Vordermann zur Seite, um zur Theke zu kommen. Ich war ein bißchen stolz darauf, wie ich hier auftrat. Und Angelika faszinierte mich. Sie redete nicht um den heißen Brei herum. Sie wußte, worauf es ankam. Da war etwas zwischen uns, das nicht nur die Mauer an der Grenze, sondern auch die Mauer in unseren Köpfen übersprang.

Ich sah mich um, lächelte zu ihr rüber. Matthias, Susanne und Christian standen neben ihr und führten den Gesichtern nach zu urteilen ein ähnlich schwieriges Gespräch, wie ich es bereits hinter mir hatte. Peter stand daneben und hörte zu. Ich war froh über unsere Entscheidung, hier in Ost-Berlin auf Menschen zuzugehen. Sicher, es gab noch sehr viel zu klären, es würde noch zu vielen komplizierten Situationen kommen, doch der Anfang war gemacht, die ersten Hürden übersprungen.

Die Bedienung reichte mir die Wodkas, ich bezahlte und ging zurück. Ich hätte mich jetzt gerne weiter mit Angelika unterhalten, aber ich wollte auch Christian kennenlernen.

»Was treibst du denn so«, wandte ich mich an ihn.
»Ich bin Verkäufer in einer Buchhandlung in Halle«, antwortete er.
»Und – gut?«
»Geht so. Ich komme wenigstens an die Bücher ran, bevor sie vergriffen sind. Neue Bücher erscheinen bei uns in ziemlich geringen Auflagen, und darum sind sie meist weg, wenn die ersten Anzeigen in den Zeitungen erscheinen. Gerade in einer Buchhandlung versuchen die Leute darum, sich mit dir gut zu stellen, damit du ab und zu ein neues Buch für sie zurücklegst.«
»Sind Bücher denn so wichtig für euch? Bei uns liest kaum noch einer, die meisten hängen vor der Glotze. Und viele stöhnen über die Flut der Neuerscheinungen.«
»Für mich sind Bücher sehr wichtig«, sagte Christian. »Fernsehen und Zeitungen bieten ja nur Dauerjubel. Bücher verarbeiten die Erlebnisse und Gedanken eines einzelnen, und da sucht man gerne nach Übereinstimmungen mit dem eigenen Alltag, nach Ausblicken. Deswegen gehen hier so viele Leute in die Bibliotheken und ins Kino.«
»Bei uns ist das eigentlich genau umgekehrt«, erklärte ich. »Da liest keiner mehr, weil es einfach zuviel gibt: Fernsehen, Illustrierte und so weiter. Offensichtlich wird etwas erst dann interessant, wenn zuwenig davon da ist.«
»Dann führen wir hier ein sehr interessantes Leben.«
»Wieso? Ist es wirklich so schlimm mit der Versorgung?«
»Sagen wir mal«, setzte er an, »es könnte wesentlich besser sein. Im Moment gibt es zum Beispiel sehr wenig Fleisch. Das liegt an der Planwirtschaft, die vorne und hinten nicht funktioniert. Es wird ja genug produziert, nur falsch verteilt. Wenn zum Beispiel ein Dorf 100 Schweine pro Hektar produziert hat, meldet die Kreisleitung 120 Stück weiter. Der Bezirk zeigt sich unzufrieden mit dieser mäßigen Produktion und schreibt

150 Stück in seinen Bericht. Das Ministerium für Landwirtschaft erhöht auf 200 Schweine, weil das dem Landesdurchschnitt entspricht. Der Ministerrat ist entsetzt über das durchschnittliche Ergebnis und meldet dem Landwirtschaftssekretär des ZK, des Zentralkomitees, 250 Schweine pro Hektar. Der erhöht auf 300 und legt den Bericht Erich Honecker vor. Als der erfährt, daß durchschnittlich 200 Schweine produziert werden, ordnet er an: 100 Schweine gehen in den Export. Also genau die produzierte Menge. Schon ist das Fleisch weg.« Ich schüttelte nur den Kopf. »Eine wahre Geschichte?«

»Nein, ein Witz. Aber so läuft das. Ich bin jedenfalls froh, daß meine Mutter die Einkäufe erledigt und ich mich mit solchen Dingen nicht herumschlagen muß.«

»Aber es gibt doch genügend zu essen, oder?«

»Na klar. Nur bekommst du eben nicht, was du haben willst, sondern das, was da ist. Mutter geht nicht mit einem Einkaufszettel los, sondern sie sieht sich um, was zu kriegen ist. Im Improvisieren ist sie Meister.«

Ich schwieg, das waren unvorstellbare Zustände.

»Es geht noch weiter«, fuhr Christian fort. »Du kaufst oft nicht, was du brauchst, sondern Dinge, die du tauschen kannst. Wenn im Klempnergeschäft drei Toiletten eintreffen, kaufst du eine davon und suchst dann über die Zeitung jemanden, der das Klo haben will und dir dafür die Sachen besorgen kann, die du wirklich brauchst. Manchmal mußt du drei-, viermal tauschen.«

»Tut mir leid, daß ich das sagen muß, aber – das sind doch Zustände wie nach dem Krieg.«

»Nun übertreib mal nicht«, beschwichtigte Christian. »Wir haben alle genügend Geld, um zu leben. Grundnahrungsmittel und Wohnungen sind sehr billig. Nur kannst du mit deinem Geld nicht viel kaufen. Darum gehen wir häufig essen und trinken. Wir leben eigentlich in den Tag hinein.«

Das war für mich eine ganz neue Lebensphilosophie. »Sag mal«, ich sah ihn unsicher an, »warum erzählst du mir das alles?«
Er blickte mir ins Gesicht. »Ganz einfach. Weil wir uns nichts vormachen sollten. Bei uns läuft vieles schief, bei euch anderes. Ich möchte nicht den Fehler machen, dir eine schöne Fassade zu zeigen und den Dreck dahinter zu verschweigen. Ich glaube, das machen wir viel zu oft, wenn Bundis zu Besuch kommen. Wie häufig habe ich es erlebt, daß meine Eltern eine heile Welt aufbauten, wenn welche von euch rüberkamen. Die Geschenke, das ganze Drumherum, das ist verlogen, das will ich nicht mitmachen. Ich gehe dabei zwar das Risiko ein, falsch verstanden zu werden, aber ich hoffe zumindest, daß du meine Kritik an unseren Mißständen nicht in den falschen Hals bekommst.«
»Ich werde mir Mühe geben«, versprach ich. »Aber was meinst du mit Fassaden, die aufgebaut werden?«
»Also paß auf: Die Leute hier freuen sich über jeden Westbesuch. Wenn möglich, wird dem Gast jeder Wusch erfüllt, aus Küche und Keller herangeschafft, was sich auftreiben läßt. In der Annahme, ihr seid überaus anspruchsvoll, vor allem in materiellen Dingen, sollt ihr nicht entbehren, was ihr gewöhnt seid. Ihr habt hier einen Sonderstatus, aber ihr sollt es nicht merken. Tantchen von drüben wird mit feinstem Sekt abgefüllt; Jugenddelegationen und Schulklassen werden in den besten Hotels untergebracht. Das Zauberwort ›Westen‹ läßt hier verschlossene Türen aufgehen. Plötzlich bekommst du Gemüse und Fleisch, plötzlich klappt die Tischbestellung im Restaurant.
Keiner drückt sich vor zusätzlicher Arbeit, in den Betrieben wie in den Familien. Da werden ganze Potemkinsche Dörfer aufgebaut.«
»Potemkin-was?«

»Potemkinsche Dörfer, das sind mit Fassaden gebaute Dörfer, um Wohlstand vorzutäuschen, Trugbilder …«

»Stimmt das denn wirklich? Ihr seid doch ganz normal mit uns umgegangen?«

So ganz begreifen wollte ich nicht.

»Es stimmt. Meine Eltern und ihre Tante samt Anhang – sie reden immer nur über die halbe Wahrheit. Und auf euch waren wir ja auch nicht vorbereitet!«

»Vielleicht hast du ja recht«, überlegte ich. »Für uns ist ein Besuch in der DDR ja auch etwas völlig anderes als zum Beispiel in Italien oder Holland. Ohne großes Nachdenken sind wir mit ein paar Leuten zum Kaffeetrinken nach Amsterdam gefahren, weil Georg sein neues Auto ausprobieren wollte. Keinen Gedanken haben wir an unser Verhältnis zu den Holländern verschwendet. Vor einer Fahrt hierher dagegen plagt man sich mit lauter Überlegungen, mit Neugier, Mitleid, Unsicherheit, von allem ein bißchen. Man nimmt plötzlich Kleinigkeiten wahr, auf die man im Westen nie achten würde. Und auch wenn ich mich mit dir unterhalte, habe ich irgendwie Angst, eine falsche Bemerkung zu machen. Angelika und du erzählen mir Dinge, die ich so nie für möglich gehalten hätte. Ich fürchte nur, wenn wir wieder drüben sind, werden wir die wenigen Eindrücke von heute abend völlig falsch sortieren und doch nichts begriffen haben.«

»Ich hoffe nicht«, sagte Christian und sah dabei auf seine Uhr. »Ihr müßt um Mitternacht wieder drüben sein? Dann sollten wir langsam aufbrechen, wenn wir zur Friedrichstraße laufen wollen. Ihr könnt doch morgen noch einmal wiederkommen.«

»Ich weiß nicht, ob das geht«, sagte ich. »Wir sind doch mit der Klasse hier, und ob wir drei noch mal alleine rüber dürfen, wage ich zu bezweifeln. Aber es muß gehen. Ich würde sehr gerne noch einen Tag mit euch unterwegs sein.«

Ich wandte mich an Susanne und Matthias: »Sollen wir Schäfer fragen, ob wir morgen wieder nach Ost-Berlin dürfen?«
»Auf jeden Fall«, sagte Matthias. »Wir haben uns das auch schon überlegt. Wir könnten zum Frühstück kommen und ein paar Brötchen mitbringen.«
Ich freute mich unheimlich. »Peter, du mußt uns nur sagen, wo du wohnst.«
Er erklärte mir, wie wir seine Wohnung am Prenzlauer Berg mit der U-Bahn erreichen konnten. Dann packten wir unsere Klamotten zusammen und schlenderten langsam Richtung Friedrichstraße. Die frische, kühle Luft brachte mir zu Bewußtsein, daß ich ganz schön getrunken hatte. Aber das machte mir im Moment nicht viel aus, der Abschied ließ sich so leichter ertragen.
»Ich freue mich wirklich auf morgen«, sagte ich noch einmal zu Angelika. »Es war sehr schön heute.«
Der Bahnhof tauchte auf, wir folgten den Schildern »Zur Grenzübergangsstelle«. Am Eingang drängelten sich die Menschen. Ost- und Westdeutsche lagen einander in den Armen. Kaltes Scheinwerferlicht blendete uns, Zigarettenqualm stand in der Luft. Ich drückte Peter und Christian die Hand, Angelika nahm ich in die Arme. Wieder dieses Vertrauen, diese Herzlichkeit, auch bei den beiden Jungen. »Bis morgen«, zwinkerte ich Angelika zu.
Was für ein Gefühl mußte es für Peter, Christian und Angelika sein, uns Bundis die Grenze so problemlos überwinden zu sehen! Und obwohl ich morgen zurückkehren würde, überkam mich Trauer, Trauer über den unsinnigen Apparat Grenze, der uns vor seinen Barrieren in Menschen zweier Klassen einteilte.
Susanne und Matthias ging es wie mir. Stumm passierten wir Kontrolle um Kontrolle. Ich blickte weg, als der Grenzoffizier mich ansah, nahm meinen Paß und drückte die letzte Tür zum

Westen auf. Im Grunde war es zum Verzweifeln, wie hilflos wir waren.

Unten auf dem U-Bahnsteig standen schon alle, wir waren die letzten. Ich fragte Schäfer, ob wir morgen noch einmal rüber dürften, um unsere neuen Freunde zu besuchen. Nur zögernd stimmte er zu.

»Aber macht mir bloß keinen Unsinn«, ermahnte er mich. »Keine vorlauten Bemerkungen. Ich will nicht, daß ihr igendwie unangenehm auffallt. Schließlich wollen wir übermorgen vollzählig nach Köln zurück.«

»Da brauchen Sie sich keine Sorgen zu machen«, versprach ich. Susanne und Matthias freuten sich über seine Großzügigkeit genauso wie ich.

Als wir in der Bahn saßen, stellte sich schnell heraus, daß wir die einzigen waren, die sich mit DDR-Leuten unterhalten hatten. Neben mir erzählte Klaus seinem Freund von seinen Erlebnissen: »Ich kam mir vor wie in Orwells ›1984‹. Ich fand es unheimlich bedrückend, alles war so dreckig, grau und verkommen. Dazwischen überall die blaßroten Fahnen und Parolen. Die vielen Polizisten und Soldaten. Und die Gesichter: Die hatten alle so einen seltsam verbissenen Ausdruck, nie hat jemand laut gelacht. Dann die Geschäfte: Ein Schuhgeschäft hatte nur ein Paar alte, braune, verstaubte Halbschuhe im Fenster stehen – und das mitten im Frühjahr!«

Sein Freund hatte ähnliche Eindrücke gesammelt: »Ich habe mein restliches Geld einfach einem Mädchen auf der Straße geschenkt. Sie hat mich total entgeistert angeguckt, sie konnte es nicht fassen. Und an der Grenze hätte ich dem Beamten am liebsten eins aufs Maul gehauen!«

»Ich habe eine Stinkwut«, bestätigte der andere. »Auf alles, was mit Mauern und Stacheldraht, mit Uniformen und Staatsmacht zu tun hat. Die DDR-Jugendlichen tun mir echt leid. Was die alles aushalten müssen! So leben möchte ich nie!«

Na, die zwei waren sich ja selten einig.
Mir gegenüber berichtete ein anderer aus der Klasse, Christoph, vom Besuch eines Restaurants: »Es war nicht zum Aushalten. Wir durften nicht einfach reingehen und uns irgendwohin setzen. Obwohl drinnen genügend Plätze frei waren, mußten wir warten, bis der Ober uns einen Tisch zeigte. Dort war leider nur Platz für vier, also wollte ich noch einen Stuhl holen. Da hättest du aber den Ober hören sollen. ›Das ist hier nicht erlaubt!‹ Also warteten wir, bis ein Fünfertisch frei wurde. Dann das Essen. Die Hälfte von der Speisekarte hatten sie nicht, und als der Fraß nach einer halben Stunde endlich kam, schmeckte er überhaupt nicht: total versalzen!«
Ein Freund ergänzte: »Ich habe eine der Postkarten vom Tisch genommen, auf die man Beschwerden schreiben konnte. Für den Gaststättenwettbewerb des ›Neuen Deutschland‹. Der Kellner hat vielleicht geschluckt, als wir ihm die Karte beim Bezahlen überreicht haben. Dann wurde er sogar noch pampig, weil wir ihm kein Trinkgeld gegeben haben.«
Ich überlegte, ob wir die einzigen waren, die etwas Schönes erlebt hatten. Warum reagierten meine Klassenkameraden so negativ? Entweder es ging ihnen zu gut – oder die Verhältnisse in der DDR waren wirklich beschissen.
Dabei durften wir doch nicht unsere kapitalistischen Maßstäbe anlegen, wenn wir die DDR verstehen und beurteilen wollten. Unser kurzer Ausflug nach Ost-Berlin reichte dafür lange nicht aus. Angelika konnte in der DDR leben – auch wenn meine Klassenkameraden dies nicht glauben wollten. Ich hatte nur noch einen Tag Zeit, mehr über dieses Leben zu erfahren. Und dann? Die Rückkehr in den eigenen Alltag, wieder mit mir selbst beschäftigt? Ich sprach Susanne darauf an: »Ich fühle mich überhaupt nicht wohl bei dem Gedanken, übermorgen wieder im Bus zu sitzen und in Köln rumzuhängen. Man müßte viel länger hierbleiben.«

»Ich bin auch ganz neugierig geworden«, sagte sie. »Ich glaube, jeder von uns kann von denen da drüben viel lernen. Die haben eine ganz andere Art, mit Problemen fertig zu werden, leben viel mehr von heute auf morgen.«

Sie zögerte, rückte näher und fragte: »Angelika hat's dir ganz schön angetan, was?«

»Na ja«, sagte ich langsam, »wieso?«

»Wir verstehen uns doch sehr gut, sind Freunde, oder? Ich mag dich, und da will ich natürlich gerne wissen, was in dir vorgeht.«

Ich mußte ihr innerlich recht geben. Angelika hatte einen tiefen Eindruck auf mich gemacht.

3

Der Morgen im Westen. Smog lag über der Stadt. Menschen hasteten müde und mit leeren Gesichtern in die U-Bahn-Schächte. Der Verkehr brandete um uns. Mir fiel auf, wieviel Bewegung in dieser Halb-Stadt war, wieviel Lärm, wieviel Hektik. Das Leben schien hier anziehend und erschlagend zugleich.

Der Morgen im Osten war beinahe ruhig. Die Menschen in den S-Bahn-Stationen hatten den gleichen stumpfen Blick in den Augen wie im Westen. Es roch nach den Auspuffgasen der Zweitaktautos. Da blendeten keine Neonreklame und großformatigen Werbeflächen. Auf den großen Straßen und Plätzen stand man alleine und frierend im Wind. Hier verkroch sich das Leben in die Wohngebiete, wo man die Fahrräder noch im Freien reparierte, wo die Kinder noch auf der Straße spielten.

Diese Unterschiede kamen mir deutlich zu Bewußtsein, als

wir gegen zehn Uhr durch das Arbeiterviertel auf dem Prenzlauer Berg liefen. Die Grenzkontrolle hatten wir beinahe routinemäßig erledigt.
Nun standen wir mit den Frühstücksbrötchen und einer Flasche Wermut als Geschenk unter dem Arm vor dem Haus, in dem Peter wohnte.
Wir drückten die schwere Haustür auf. Der Hinterhof unterschied sich kaum von dem der Westberliner Mietskaserne, die wir an unserem ersten Abend in Kreuzberg besichtigt hatten. Wir stiegen in den fünften Stock, vorbei an winzigen Toilettenhäuschen in apartem Blau auf den Halbetagen. Wir klopften an eine vom Holzwurm zerfressene Tür, auf der in großen, sauberen Buchstaben »Peter Weißmaier« stand.
Angelika öffnete und küßte uns alle auf die Wange: »Guten Morgen!«
»Morgen!« rief Peter aus der Küche und gähnte laut.
Wir packten Brötchen und Wermut aus. »Ein Willkommensschluck aus dem Westen« erläuterte ich.
»Wo ist Christian?« fragte Susanne.
»Im Großmarkt am Alex einkaufen«, antwortete Peter. »Er müßte jeden Moment wieder hiersein.«
Ich setzte mich in einen altmodischen Ohrensessel und sah mich um. Die Wohnung bestand aus einem größeren Zimmer und einer sehr kleinen Küche. Alles war liebevoll eingerichtet. Hinter einer gemütlichen Sitzecke eine altdeutsche Kommode. Eine große Matratze wurde von einem vollgepackten Bücherregal verdeckt, daneben ein großer Kohleofen. Zwischen die beiden Fenster hatte jemand einen großen Baum mit ausladenden Ästen gemalt, auf der anderen Wand hatte Peter Fotos und Notizzettel voller Sprüche und Gedichte mit Stecknadeln festgemacht.
Peter deckte gerade den runden Tisch am Fenster, als Christian vom Markt zurückkam und Käse, Wurst und Milch aus

seinem Einkaufsbeutel kramte. Die Lebensmittel waren in Zeitungspapier eingepackt.
Ich fragte Peter nach der Miete.
»18 Mark im Monat«, antwortete er.
Ich schnappte verblüfft nach Luft: »Kaum zu glauben!«
»Das ist eigentlich noch zuviel«, setzte Peter trocken hinzu.
Während ich mich am Ofen zu schaffen machte, erklärte mir Peter, warum die Wohnungen so billig waren. Da der Staat Eigentümer der Wohnungen war, konnte er die Mieten sehr niedrig halten. Dafür wurde allerdings kaum etwas an den Wohnungen getan. Peter hatte keine eigene Toilette, kein Warmwasser und nur Braunkohlenheizung. Mit der hatte ich meine Probleme. Angelika hockte sich neben mich und half mir, das Feuer in Gang zu bringen. »Von Kohleöfen verstehe ich nichts. Wir heizen zu Hause mit Gas«, entschuldigte ich meine Schwierigkeiten.
»Siehst du, du lernst sogar noch was von uns«, lachte Angelika.
Wir frühstückten und redeten dabei eine Weile über Preise von Lebensmitteln und Büchern, aber die meiste Zeit waren wir mit unseren eigenen Gedanken beschäftigt. Ich fand den Tag heute beklemmend endgültig, weil ich wußte, daß wir alle uns nicht so schnell wiedersehen würden.
Als wir die Flasche Wermut nach dem Frühstück innerhalb einer Viertelstunde leergetrunken hatten, fühlte ich mich erleichtert. Der Alkohol hatte in diesem Moment etwas Befreiendes. Wir alle hatten das wohl nötig. Ich fragte Peter, was er vorhatte.
»Also mit mir könnt ihr erst heute abend rechnen. Ich helfe meinem Vater, seine Küche zu renovieren. Dafür habe ich mir extra einen Tag freigenommen.«
»Schade«, sagte ich . »Und was würdest du uns für heute empfehlen – als Insider?«
»Insider?« Er sah mich verwirrt an.

»Na, als Berliner«, übersetzte ich. »Du kennst die Stadt doch.«
»Ach so, ja«, überlegte er. »Geht doch zum Französischen Friedhof, das lohnt sich.«
»Nicht schlecht«, stimmte Christian ihm zu. »Ich war schon zweimal dort, es ist wirklich sehr schön.«
»Das Wohnhaus von Brecht ist direkt in der Nähe, falls es euch interessiert«, ergänzte Peter.
Als wir uns von Peter verabschiedet hatten, fragte ich Christian nach der Richtung, in die wir mußten.
»Westen, immer nur nach Westen.«
»Okay, let's go West«, meinte Matthias sarkastisch, und wir gingen los. Mir fiel plötzlich auf, daß wir ohne großes Nachdenken häufig englische Ausdrücke benutzten, während ich bei unseren Freunden bisher keine russischen Wörter bemerkt hatte.
»Was ist überhaupt Besonderes an dem Friedhof?« fragte ich Angelika.
»Ich glaube, Wolf Biermann hat da mal ein Lied drüber geschrieben, das Hugenottenlied.«
»Biermann kenne ich eigentlich nur dem Namen nach«, mußte ich gestehen. »Noch nie eine Platte von ihm gehört.«
»Ich schon«, sagte Angelika, »und ich verstehe immer noch nicht, warum sie ihn damals ausgebürgert haben. Der ist doch sogar freiwillig aus der BRD zu uns gekommen.«
»Was heißt ausgebürgert?«
»Biermann war 1976 auf einem Gastspiel in der BRD, als unsere Regierung bekanntgab, daß er nicht mehr in die DDR einreisen dürfe.«
»Vielleicht ist Biermann jemand, der die Leute mit seinen Liedern und Gedanken anstecken und begeistern kann. Mit den falschen Liedern und Gedanken. Darum mußte er gehen«, versuchte ich zu erklären.
»Aber Biermann war doch überhaupt nicht populär bei uns.

Den kannten doch nur die Leute aus der Szene. Ich habe die erste Platte von ihm erst lange Zeit nach seiner Ausbürgerung gehört.«

Wieder einmal wußte ich nichts zu sagen, in diesem Staat gab es zu viele Ungereimtheiten.

Die Sonne brach durch. Wir liefen längs der U-Bahn, die über der Erde auf einer stählernen Trasse fuhr. Die Auslagen der Geschäfte, an denen wir vorbeikamen, waren spartanisch. Sie erinnerten mich an Schwarzweißfotos aus den fünfziger Jahren. War die Zeit hier stehengeblieben? Angelika lenkte mich von meinen Betrachtungen ab: »Was macht ihr eigentlich in eurer Freizeit?«

»Weißt du«, sagte ich, »das ist eine von den Fragen, die sich wahnsinnig schwer beantworten lassen, wenn du die Verhältnisse im Westen nicht kennst.« Ich überlegte: »Ich treffe mich mit meinen Freunden häufiger in einem Schuppen unten am Rhein, in einer Schrebergartenkolonie. Wir sitzen zusammen, trinken einen oder zwei und erzählen uns was. Dann Kino. Theater kaum. Ab und zu lese ich mal ein Buch, das mir jemand empfohlen hat. Fernsehen häufiger.«

»Das unterscheidet sich ja nicht großartig von dem, was wir so machen«, sagte sie.

»Also keine Unterschiede?«

»Vielleicht in den Problemen, die gewälzt werden. Ich werde mich nächste Woche mal zu einem Vergleich in Köln blicken lassen«, sagte Angelika ironisch.

»Wohl kaum«, meinte ich. Da kam mir eine Idee, die mich spontan begeisterte. »Aber ich könnte doch nach Halle kommen, oder?«

»Natürlich kannst du. Das wäre wirklich schön«, sagte sie. »Echt gut wäre das.« Das »echt« klang aus ihrem Mund ganz merkwürdig.

»Und wie funktioniert das?« fragte ich.

»Du brauchst eine Einladung von jemandem aus Halle, zum Beispiel von mir«, lachte sie. »Du gibst mir Namen, Adresse und deine Reisepaßnummer, und ich beantrage bei unseren Behörden ein Visum für dich.«
»Die schicken mir das dann zu?«
»Erst zu mir, und ich muß es dann weiterschicken. Ich telegrafiere, wenn das Visum unterwegs ist, weil Briefe ziemlich lange brauchen.«
»Alles klar! Super! Und wann?«
»Wenn du schon kommst, dann mindestens für eine Woche. Sonst lohnt es sich wirklich nicht.«
Ich dachte den Bruchteil einer Sekunde über ihre letzte Bemerkung nach, dann sagte ich: »Warte mal. Vielleicht wollen Matthias und Susanne ja auch mit ...«
»Die beiden müssen aber von anderen eingeladen werden. Wir sind nicht verwandt, und zwei oder gar drei Besucher werden sie mir sicher nicht genehmigen!«
Ich beriet mich kurz mit meinen beiden Freunden. Als Termin kamen nur die Sommerferien in Betracht. Susanne fuhr aber mit ihren Eltern nach Italien und wollte den Rest der Zeit als Briefträgerin arbeiten. Matthias war die ersten drei Wochen ebenfalls mit seinen Eltern unterwegs und fuhr danach bis zum Schulanfang als Gruppenleiter mit dem CVJM nach Skandinavien. Ich mußte also alleine los und vereinbarte mit Angelika als Termin den 10. Juli.
»Das ist nicht schlecht«, sagte sie nach einem Blick in ihren Kalender. »Wir haben dann noch eine Woche Schule. Danach habe ich allerdings nicht mehr so viel Zeit. In der Woche drauf müssen wir in die Produktion und dann für zwei Wochen ins ZV-Lager.«
»ZV-Lager? Was ist das denn nun schon wieder?«
»Das heißt Zivilverteidigungslager. Wir Mädchen sollen da in Uniform und mit militärischem Getue Erste Hilfe für den

Krieg lernen, Verzeihung: für die Verteidigung unserer sozialistischen Errungenschaften. Die Jungen bekommen eine vormilitärische Ausbildung, Schießen, Handgranatenwerfen und der ganze Quatsch«, erklärte sie verächtlich.
»Ach du Scheiße!« entfuhr es mir. »Und das in den Ferien?«
»Da kannst du nichts gegen machen. Die Teilnahme ist Pflicht. Zwei Wochen lang! Mir graust heute schon bei dieser Vorstellung.«
»Macht ihr als Schüler viel so militärische Sachen?«
»Es geht. In der neunten und zehnten Klasse gibt es noch den Wehrkundeunterricht. Den läßt man halt über sich ergehen!«
Ich schwieg. Ich erinnerte mich an das Geschrei in unseren Zeitungen, als einige Politiker laut darüber nachgedacht hatten, eine Art »Friedensunterricht« an den Schulen einzuführen, um das schlechte Bild von der Bundeswehr bei den Schülern zu verbessern. Hier war ein solcher Unterricht längst Wirklichkeit.
Plötzlich wurde mir bewußt, daß ich in diesem Moment genauso dachte, wie ich es vor kurzem noch völlig abgelehnt hatte: Seht euch die da drüben an!
Angelika und ich waren mittlerweile weit hinter Christian, Matthias und Susanne zurückgefallen. Ich sah Angelika von der Seite an, wie sie nachdenklich nach vorne blickte. Sie entzog sich mir nicht, als ich zögernd nach ihrer Hand griff, sondern lächelte mich an. Wir gingen Hand in Hand am Wohnhaus von Bert Brecht vorbei und bogen fünfzig Meter weiter auf den Friedhof ein.
Eine merkwürdige Atmosphäre herrschte hier; Deutsche und Franzosen, viele Gräber stammten aus dem letzten Jahrhundert, lagen nebeneinander. Über den Gräbern der Reichen lagen riesige, steinerne Platten. Die grauen Mietskasernen im Hintergrund verstärkten den Eindruck, den der Friedhof mit seinem Grün und der Stille machte.

Ich setzte mich neben Angelika auf eine Bank, wir rauchten schweigend.
»Gemütlicher als auf dem Alex, was?« fragte ich.
Angelika nickte zur Bestätigung und lehnte ihren Kopf an meine Schulter.
»Eine sehr gute Idee, hierherzukommen«, sagte sie halblaut.
Ich schloß meine Augen und genoß die Ruhe. Ich wünschte, die Widersprüche, die Streitpunkte zwischen uns Deutschen in Ost und West wären wie die Gräber Bestandteil längst vergangener Zeiten. Aber wäre dann nicht jeder Reiz der Situation verloren; vielleicht würde Angelika dann nicht neben mir sitzen und sich an mich schmiegen?
Meine Unterhaltung mit Angelika hatte einen fast konspirativen Charakter. Auf verbotenem Gelände führte ich vertrauliche Gespräche, die das geheiligte Freund-Feind-Denken gefährdeten.
Ich war stolz auf mich und diesen Augenblick. Es hätte mich überhaupt nicht gewundert, wenn hinter den steinernen Grabplatten plötzlich eine Kompanie Volkspolizisten aufgetaucht wäre und mich wegen Spionageverdachtes wie einen Terroristen abgeführt hätte. Ich lachte bei diesem Gedanken laut. Angelika sah mich irritiert an.
»Ach nichts«, beruhigte ich sie. »Ich finde nur, wie wir hier sitzen, entbehrt nicht einer gewissen Komik. Ost legt West den Kopf auf die Schulter.«
Meine Bemerkung gefiel ihr nicht sonderlich, und darum setzte ich spontan hinzu: »Daß du der Osten bist, habe ich aber sehr gerne« – und plötzlich küßten wir uns lange.
»Schön mit dir«, sagte ich unbeholfen.
»Weißt du, worauf wir uns da einlassen?« meinte Angelika traurig. »Vielleicht sehen wir uns nie wieder, so vieles kann dazwischenkommen.«
»Egal, Jetzt und Hier zählt.«

Sie versuchte ein Lächeln und nahm mich in die Arme. Lange hielten wir uns aneinander fest, bis wir von weitem die Stimmen unserer Freunde hörten. Ich zog Angelika von der Bank hoch.

Wir trafen die anderen am Ausgang des Friedhofes und spazierten noch einige Zeit durch das Stadtviertel, das an die Mauer grenzt; Angelika korrigierte mich: »Schutzwall heißt das.« Dann nahmen wir den Bus zurück zum Marx-Engels-Platz.

Es war bereits vier Uhr, als wir im Palast der Republik im Keller zu Mittag aßen. Nach dem vierten Bier beschlossen wir, heute abend einen draufzumachen. Wir holten Peter von seiner Wohnung ab und fuhren dann mit der U-Bahn bis zur Klosterstraße, ganz in der Nähe des Alex. Die Bahnsteige der Untergrundstation waren völlig verwaist, kein Mensch unterwegs. Es war Samstagabend, sechs Uhr! Ich fragte mich, wo die Einwohner der Millionenstadt geblieben waren!

»Wohin fahren wir überhaupt?« fragte ich Peter.

»Tut mir leid, daß ich euch heute nichts anderes bieten kann«, sagte er. »Die anderen Klubs haben alle geschlossen, und wenn wir noch mehr erleben wollen als Bier zu trinken, dann müssen wir zum ›Haus der jungen Talente‹. Ich hoffe nur, ihr seid nicht enttäuscht.«

»Nein, nein«, betonte ich. »Gehst du oft dahin?«

»Eigentlich nicht, weil es mir dort zu organisiert zugeht. Das Haus wird von der FDJ, der Freien Deutschen Jugend, verwaltet. Vielleicht ist es für euch interessant«, antwortete er.

Knapp zweihundert Meter vom U-Bahn-Ausgang entfernt stand das »Haus der jungen Talente«. Der dreistöckige Altbau war in erstaunlich gutem Zustand. Auf der Eingangstreppe drängelten sich etwa 50 Jugendliche, die von Ordnern zurückgehalten wurden. Wir stellten uns an und erfuhren, daß es nur noch Karten für die Musikveranstaltung oben im Saal gab.

»Ist das normal, daß alle draußen warten müssen?« fragte ich Angelika.
»Oft zumindest«, sagte sie und drückte sich näher an mich. Ich legte meinen Arm um ihre Schultern und lehnte mich gegen die Wand.
»Sozialistisch leben nennt ihr das, so, so«, sagte ich nicht ohne Ironie.
»Wozu sich darüber aufregen«, meinte sie. »Schlangestehen gehört hier dazu.«
»Bei uns ist das anders. Das würde sich keiner gefallen lassen«, sagte ich überzeugt.
»Der Vergleich bringt doch gar nichts. Du akzeptierst auch viele Dinge bei euch, so wie sie sind. Tu das hier bitte auch!« antwortete sie. »Ich lebe hier! Und morgen wirst du nach Köln zurückfahren und deinen Freunden von einem lieben Mädchen aus Halle erzählen, mit dem du dich gut verstanden hast. Aus und vorbei!«
Nun klang ihre Stimme bitter. Ich drückte sie fest an mich. »Nein, das werde ich nicht tun«, sagte ich entschieden. »Wirklich nicht. So schlecht finde ich es doch gar nicht bei euch. Ich muß mich erst an vieles gewöhnen, das für euch längst selbstverständlich ist. Ich bin es einfach nicht gewöhnt, eine halbe Stunde in der Kälte zu stehen für ein Bier und ein bißchen Musik.«
»Zwischen uns liegen Welten«, sagte sie traurig.
Mittlerweile waren wir bis zu den Ordnern aufgerückt. Mit dem nächsten Schwung landeten wir im Eingang des Gebäudes und mußten uns erneut anstellen, um drei Mark zehn Eintritt zu bezahlen. Schließlich ließ sich ein Posten in blauem Hemd vor einer gläsernen Schwingtür die FDJ-Ausweise zeigen. Damit hatten wir nicht gerechnet. Ich zückte meinen grünen Reisepaß. Der Junge blickte völlig irritiert und wechselte ein paar Worte mit einem älteren Mann neben ihm, der sich

meinen Ausweis geben ließ, kurz mein Tagesvisum studierte und unsere kleine Gruppe dann durchwinkte. Susanne und Matthias atmeten erleichtert auf.

»Das hatte ich völlig vergessen!« sagte Peter.

Wir liefen eine Treppe hoch und gelangten in einen riesigen, sehr hohen Raum: Grelles Licht ließ keinen Hauch von Gemütlichkeit aufkommen. An den ordentlich aufgereihten, plastikbezogenen Tischen saßen erst wenige Jugendliche, die lustlos einer Band zusahen, die auf der Bühne mit ohrenbetäubender Lautstärke Hits aus den sechziger Jahren spielte. Die Musiker waren alle schon älter und einheitlich angezogen. Nach den einzelnen Songs gab es nur spärlich Beifall. Zwei Jungen mit akustischen Gitarren versuchten die nächste halbe Stunde das Publikum anzuheizen. Vergeblich!

»Wann machen die Leute hier denn mit?« fragte ich Peter.

»Das kann ich dir sagen: Wenn sie genügend getrunken haben!« Er lachte und goß sich sein eigenes Glas wieder voll. Wir waren bei der vierten Flasche Wein, das Stück für 10,95 Mark, angelangt.

Peter behielt recht. Die erste Band begann wieder zu spielen, und nun füllte sich die Tanzfläche. Und am Tisch nebenan fielen die ersten Flaschen um. Auch ich hatte ganz schön was in mich hineingeschüttet.

Auf der Tanzfläche war kein Unterschied zwischen west- und ostdeutschen Jugendlichen zu sehen. Die Szene hätte sich genausogut in Köln abspielen können. Ich tanzte mit Angelika, und gefangen von der Musik konnte ich beinahe vergessen, daß ich in Ost-Berlin war und mich in wenigen Stunden von meinen neuen Freunden trennen mußte.

Zum ersten Mal an diesem Abend improvisierte die Band, nur noch Schlagzeug und Baß spielten weiter. Die beiden Musiker gingen voll aus sich heraus. Nur Angelika, Matthias, Susanne, Peter, Christian und ich blieben auf der Tanzfläche,

tanzten, flippten und rannten über das Parkett. Wir lieferten eine Show für den ganzen Saal, irgend jemand schwenkte die Scheinwerfer in unsere Richtung. Die anderen Jugendlichen hatten sich an ihre Tische zurückgezogen und starrten uns an. Erst als die übrigen Musiker auf die Bühne zurückkamen und die Musik sich beruhigte, wurde die Tanzfläche wieder voller.
Um zehn Uhr packten die Musiker ihre Instrumente ein. Ich konnte es kaum glauben: »Ist wirklich schon Schluß?«
»Leider«, sagte Angelika außer Atem und hielt sich an mir fest. »Bei uns ist immer schnell Feierabend.«
Wir gingen an unseren Tisch zurück und gossen die Gläser noch einmal voll. Im Saal herrschte Aufbruchstimmung. Die meisten waren bereits gegangen, irgend jemand hatte das Licht angemacht. Ordner räumten die Tische ab. Ein Junge in blauem Hemd forderte uns auf, endlich zu gehen. Wir wiesen auf unsere vollen Gläser. Zwei Minuten später waren sie zu zweit und versuchten uns höflich, aber bestimmt hinauszukomplimentieren. Als das nichts fruchtete, erschien der Leiter des Hauses. Nach einer kurzen Diskussion sahen wir uns genötigt, langsam unsere Klamotten zu packen, um keinen Streit zu provozieren. In diesem Haus achtete man eben auf Ordnung!
Wir beschlossen, im »Posthorn« am Alex noch ein letztes Gläschen hinter die Binde zu kippen. Viel zu besprechen gab es nicht mehr. Ich gab Angelika noch die Daten, die für den Visumantrag notwendig waren, und dann brachen wir Richtung Westen auf. Peter wollte nicht mehr mitkommen zur Grenzübergangsstelle, weil er das alles dort nicht ausstehen konnte. Der Abschied von ihm war herzlich, und er forderte uns auf, ihn bei unserem nächsten Abstecher nach Ost-Berlin zu besuchen.
Am Bahnhof Friedrichstraße drängelten sich die Menschen wie jeden Abend kurz vor Mitternacht. Lange drückte ich Chri-

stians Hand, dann lagen Angelika und ich uns in den Armen. »Ich komme wieder«, versicherte ich noch einmal. Ich wandte mich ab, mit Tränen in den Augen reihte ich mich in die Schlangen der Wartenden ein.
Als Christian und Angelika verschwunden waren, schwiegen wir. Susanne, Matthias und ich waren mit unseren eigenen Gedanken beschäftigt. Unbeteiligt ließ ich die Kontrollen über mich ergehen. Nur als einer der Grenzer mich aufforderte, meinen Kopf nach links zu beugen, um das Foto im Paß besser mit der Wirklichkeit vergleichen zu können, sah ich ihn böse an.
Doch all das konnte mich nicht davon abhalten, wiederzukommen: Halle wartete auf mich. Und Angelika!

Halle, im Juli

I

Beklommen, ja beinahe ängstlich war mir zumute. Je näher der Zug Halle kam, desto weniger wohl fühlte ich mich in meiner Haut. Ein Gefühl wie zum ersten Mal mit Schlittschuhen auf spiegelblankem Eis. Eine junge Frau lächelte mich an, als ob sie meine Unruhe spüren würde. Die Grenze lag bereits einige Stunden hinter mir, ich bewegte mich im wahren Sinn des Wortes auf Neuland.
Während sie wußte, wohin sie gehörte, war es für mich eine Fahrt ins Ungewisse. Ich hatte keine Ahnung, was mich erwartete; aber was mir Angst machte, wog schwerer: Was erwartete man von mir?
Während der Zug auf den letzten Kilometern vor Halle langsam seine Geschwindigkeit verringerte, fielen mir die Ereignisse der letzten Monate wieder ein: mein vergebliches Bemühen, Susanne und Matthias doch noch zu überreden, ihre Ferienpläne zu ändern und mit mir zu kommen. Ich hätte jetzt verdammt viel darum gegeben, wenn sie neben mir sitzen würden. Die aggressiven Diskussionen mit meinen Eltern, die in meiner Freundschaft zu Angelika und Christian einen Kniefall vor dem Sozialismus sahen. Nach solchen Diskussionen überlegte ich einige Male, was mich denn tatsächlich nach Halle trieb. Unverhohlene Neugier, das gestand ich mir ein, vielleicht wollte ich auch nur meine Vorstellungen

bestätigt sehen. Und dann fühlte ich auch ehrliche Sympathie für die Menschen im anderen Deutschland.
Diese spontane Zuneigung, die ich in Berlin gespürt hatte, gab mir immer wieder zu denken. War es ein typisch westdeutsches »DDR-Gefühl«, eine Art »schaudernde Erkenntnis«, daß die Menschen da drüben etwas Wärme, vermengt mit einer Portion Mitleid nötig hatten? Oder lag es an der ostdeutschen Herzlichkeit, dem vertrauensvollen Umgang miteinander, der mir erst in Köln richtig bewußt geworden war, als mich der betont kühle und unpersönliche Alltag wiederhatte? Ich wußte es nicht, wollte mich auch nicht auf eine simple Erklärung festlegen.
Ich hatte versucht, mir einiges über die DDR anzulesen. Aber die Informationen waren viel zu allgemein, zu wenig konkret. Ich hatte keine Ahnung, was ich wissen mußte, um im Alltag meiner Freunde nicht wie der »Idiot aus dem Westen« dazustehen. Außerdem kam mir das, was ich las, völlig unwirklich und fremd vor, von meinen eigenen Erfahrungen weit entfernt.
Endlich hielt der Zug. Nervös packte ich meine Sachen zusammen, ein letzter Griff zum Paß mit dem Visum, dann verließ ich das Abteil und stieg aus dem Zug. Keiner meiner Bekannten war zu sehen. Ich wartete noch einige Minuten, lief dann über den menschenleeren Bahnsteig zum Ausgang, den Zettel mit Angelikas Adresse fest in der Hand.
Mir fiel die ironische Frage meines Vaters ein, ob nicht mehr als Neugier und Unternehmungslust hinter meinem Besuch stecken würde – schließlich habe mich doch ein Mädchen eingeladen? Das gab ich natürlich nicht zu, obwohl ich mich sehr darauf freute, sie wiederzusehen.
Ich blickte mich in der Bahnhofshalle nach einem Stadtplan um, konnte aber keinen finden und beschloß, einen Taxifahrer nach dem Weg zur Friedrich-Engels-Straße zu fragen.

Als ich den Bahnhof verließ, bemerkte ich sie: Angelika fuhr mit dem Fahrrad auf mich zu und winkte. Wenige Sekunden später fiel sie mir um den Hals und begrüßte mich voller Freude.
»Entschuldige«, rief sie außer Atem, »ich habe dein Telegramm erst vor wenigen Minuten bekommen, und da bin ich direkt hierher gerast. Hast du lange gewartet?« Sie strahlte über das ganze Gesicht und ließ mich gar nicht zu Wort kommen. Ihre Herzlichkeit war überwältigend. Sie sah mich an. »Das finde ich toll, daß du gekommen bist«, sagte sie begeistert. »Du hast dich kaum verändert.«
Meine Nervosität war wie weggeblasen. »Ich bin froh, hier zu sein. An der Grenze dachte ich, sie lassen mich nicht rein, als sie meinen Paß mitgenommen haben und erst nach einer halben Stunde wiedergekommen sind. Dafür hat man vergessen, mir die fünfzehn Mark Visumgebühr abzunehmen.«
»Komm«, sagte Angelika, »laß uns gehen! Ich muß noch bei ein paar Freunden vorbei, und dann wollen wir mal sehen, wo wir dich unterbringen. Bei uns ist nämlich zuwenig Platz, und mein Vater würde toben, wenn du bei mir im Zimmer schläfst.«
Ich befestigte meine Reisetasche auf ihrem Gepäckträger und schob das Rad langsam die Straße hinunter, Angelika blieb an meiner Seite.
Die Straße aus Kopfsteinpflaster, alte Häuser mit lädierten Fassaden, hastende Menschen, ihre Einkäufe mit Bindfäden in Zeitungspapier geschnürt, eine Straßenbahn, die uns in einer Kurve kreischend überholte. Ich sah mich aufmerksam um, versuchte jede Kleinigkeit in mich aufzunehmen. Wir schlenderten an einem HO-Laden vorbei, dünnschalige Kuba-Apfelsinen und Äpfel lagen im Schaufenster aus.
Ich fragte nach der Abkürzung HO.
»Handelsorganisation. Unsere Lebensmittelläden«, erklärte

Angelika knapp. »Erzähl mal was! Ist doch bestimmt viel passiert seit März, oder?«

»Ja, die Schule ist vorbei, da bin ich sehr froh drüber, mir geht's gut«, setzte ich an und stockte. Ja, was gab es zu erzählen, wenn man kaum etwas wußte von dem anderen? Ich versuchte es mit einer Gegenfrage: »Was macht die Schule bei dir?«

»Nichts Besonderes. Der ganze Kram geht mir schon seit Wochen fürchterlich auf die Nerven, dieses ewige Geschwätz, das du den ganzen Tag über dich ergehen lassen mußt. Aber das Schuljahr ist ja so gut wie vorbei. Übernächste Woche noch für fünf Tage in die Produktion, dann wären normalerweise erst mal glückliche sechs Wochen zu genießen«, erzählte Angelika mit bitterem Unterton.

»Wieso normalerweise?«

»Ich habe dir doch in Berlin davon erzählt. Wir müssen doch für vierzehn Tage in ein ZV-Lager...«

»Zivilverteidigung. Stimmt, ich erinnere mich«, unterbrach ich sie.

»Ja, und die Jungen müssen für zwei Wochen in ein GST-Lager«, ergänzte sie.

Es ging schon wieder los. Warum hatte man sich hier einen Geheimcode voller unverständlicher Abkürzungen ausgedacht? »GST?«

»Gesellschaft für Sport und Technik. Erzähl' ich dir ein andermal mehr drüber. Du mußt dir hier einfach alles ansehen, gut zuhören, dann wirst du schnell begreifen, was hier läuft«, sagte sie geduldig. Angelika hatte gut verstanden, was in mir vorging, woran ich Interesse hatte.

Wir bogen in eine schmale Gasse und drückten ein großes, schweres Portal auf, das zu dem schmutzigen und grauen Haus überhaupt nicht paßte. Es roch nach Kohlenheizung und Essensdunst, als wir in den dritten Stock liefen. Wir klopften an einer Tür mit dem Schild »Hier wohnen die Stromtalers«.

Ein junger Mann, höchstens fünfundzwanzig Jahre alt, machte auf, begrüßte Angelika und musterte mich mit einem kurzen, kritischen Blick.

»Das ist Martin, von dem ich dir erzählt habe. Er ist gerade angekommen«, erklärte sie rasch.

»Abend«, sagte ich zögernd und gab ihm die Hand. Meine Unsicherheit war wieder da.

»Ich heiße Thomas. Kommt rein!«

Die Wohnung war klein, aber sehr gemütlich eingerichtet. Ein Wohnzimmer mit Sitzecke und vollgestopfter Bücherwand, das Schlafzimmer mit einem zerwühlten französischen Bett, eine kleine Küche. Auf dem Eßtisch im Wohnzimmer dampfte Tee in den Tassen, zwei Zigaretten qualmten im Aschenbecher. Neben dem Fenster hingen ein Plakat von Bert Brecht und eines von der letzten Dresdener Kunstausstellung. Ich setzte mich in einen Sessel, stand aber wieder unsicher auf, als Thomas' Frau aus der Küche kam, mich flüchtig begrüßte und Angelika umarmte.

»Schön, daß du mal wieder vorbeikommst«, sagte die Frau und sah Angelika prüfend an.

»Ich habe Martin mitgebracht. Er kommt direkt aus Köln«, stellte sie mich noch einmal vor.

»Martin, das ist Sabine«, sagte sie zu mir.

Ich nickte Sabine kurz zu, wußte aber nichts zu sagen. Verdammt, warum ignorieren die mich, dachte ich und verfluchte meinen Entschluß, hierherzukommen. Hoffentlich verhalten sich nicht alle so abweisend. Untereinander jedenfalls nicht.

»Wollt ihr auch einen Tee?« fragte Thomas, während wir uns setzten. Dann bot er mir eine Zigarette an und gab mir Feuer. Angelika und Sabine erzählten sich irgendwelche Neuigkei-

ten von gemeinsamen Bekannten. Ich bemühte mich, normal zu erscheinen, und hörte darum aufmerksam zu.
Nach einer Weile sprach Thomas mich an: »Du kommst aus Köln? Ziemlich große Stadt. Gefällt es dir da?«
»Ja, schon«, sagte ich, »dort könnte ich lange leben.«
»Du lebst gerne da, ja?«
»Ja, wirklich. Und du? Wie gefällt es dir in Halle?« Ich wich aus. Was sollte ich ihm denn schon von Köln erzählen?
»Nun, ich bin in Halle geboren und aufgewachsen. Ich finde es eigentlich sehr schön hier. Die letzten Jahre habe ich allerdings in Berlin studiert und gelebt.«
»Du bist also jetzt fertig mit dem Studium?«
»Na ja, dazu kam ich nicht mehr«, sagte er mit besonderer Betonung.
»Wieso nicht?« hakte ich nach.
»Weil sie mich im letzten Monat geext haben. Rausgeschmissen. Ahnst du, was für eine Laune ich habe?«
Geext mußte wohl »exmatrikuliert« bedeuten. »Das verstehe ich nicht«, meinte ich ungläubig. »Hast du irgend etwas angestellt? Und was studierst du überhaupt?«
»Psychologie«, antwortete er. »Warum sie mich rausgeworfen haben?«
Er unterbrach sich, stand auf und holte in der Küche ein Bier aus dem Kühlschrank. »Willst du auch eins?« rief er rüber.
»Ja, gerne«, sagte ich, obwohl ich wußte, daß das Bier auf meinen leeren Magen nur eine Katastrophe auslösen konnte. Aber Alkohol entkrampft, dachte ich flüchtig. So schob ich mir nach zwei Tassen Tee das Bier rein. Außerdem war mir jetzt klar, daß ich mir die ablehnende Haltung von Thomas nur eingebildet hatte. Er vertraute mir, sonst würde er nicht so offen mit mir reden. Wahrscheinlich akzeptierte er mich, weil ich mit Angelika, als ihr Freund, gekommen war.
»Warum?« wiederholte Thomas noch einmal, als er mit dem

Bier zurückkam. »Wohl wegen unserem kleinen Streich. Ich habe mit ein paar Freunden nach unserer Bergfest-Feier ...«

»Bergfest?«

»Bergfest feiert man, wenn die Hälfte des Studiums hinter dir liegt. Wir haben nachts in der Straßenbahn Plakate geklebt, auf denen ›von nun an geht's bergab‹ stand. Das hat sicher den Ausschlag für meine Exmatrikulation gegeben, zumal ich auch sonst immer sehr widerspenstig war, oft bei den ML-Vorlesungen gefehlt habe ...«

»Was ist ML?«

»Marxismus-Leninismus. Egal, was du bei uns studierst, du mußt ein paar Semester lang ML machen. Mich langweilen diese Vorlesungen total. Ich bin froh, wenn ich mit diesem trockenen Kram nichts zu tun habe. Aber mich wegen all dieser Kleinigkeiten rauszuwerfen, finde ich nicht fair, gelinde ausgedrückt.«

Er schwieg einen Moment. »Wie ist das bei euch? Kann man euch von der Uni feuern?«

»Weißt du, ich gehe ja noch zur Schule, viel Ahnung vom Uni-Betrieb habe ich nicht. Mein Bruder erzählt ab und zu davon, wenn er zu Hause ist. Ich glaube allerdings, daß so etwas bei uns selten vorkommt.«

Ich goß mein Bierglas wieder voll und war froh, daß wir endlich ein Thema hatten. »Was willst du nun machen?« fragte ich Thomas.

»Weiterstudieren kann ich nicht mehr, also bekomme ich auch kein Studiengeld mehr, also muß ich arbeiten, irgendwo in 'ner Fabrik, als Hilfsarbeiter. Am liebsten würde ich allerdings als Gärtner oder auf dem Land arbeiten. Was auch eure Alternativen sich erträumen, weg von der Industrie, Beton zu Gras, solche Forderungen gibt es auch bei uns in der DDR.«

Das überraschte mich. Noch nicht einmal Ansätze solcher Gedanken hätte ich hier vermutet. Und nun diese Parallelen.

»Bist du denn auch gegen Atomkraftwerke und solche Sachen?«

»Ich bin nicht entschieden dagegen«, sagte Thomas, »weil ich einfach so gut wie nichts darüber weiß. Diese Kraftwerke werden still und heimlich gebaut, plötzlich ist wieder eines fertig, und wenn man nachfragt, kriegt man knapp zu hören, daß es sich um einen Atomreaktor handelt. Die Abfälle? Ja, die werden ordnungsgemäß beseitigt, sagen die Verantwortlichen. Du stehst dann da wie ein Ölgötze und hast keine Argumente, weil du von der Technik überhaupt nichts verstehst.«

»Kann man dann sagen, in der DDR gibt es kaum jemanden, der gegen solche Kraftwerke ist?«

Er nickte, und ich wußte plötzlich genau, daß die Diskussion nur noch theoretisch weiterlaufen würde. So redeten wir noch eine Weile weiter, bis uns Sabine unterbrach und aufforderte, endlich aufzubrechen. Die drei wollten zu einer alten Mühle vor der Stadt fahren, die als Kneipe umgebaut war, und wir mußten uns beeilen, den Bus noch zu bekommen. Meine Sachen blieben in der Wohnung zurück.

»Wird sich nachher schon jemand finden, bei dem du bleiben kannst«, sagte Angelika.

Na ja, dachte ich, was blieb mir anderes übrig, als mich darauf zu verlassen.

»Warum fahren wir zu dieser Mühle?« wollte ich von Angelika wissen, nachdem wir den Bus gerade noch erwischt hatten.

»Freitags treffen sich da immer viele von meinen Bekannten. Wir haben da einen reservierten Tisch, brauchen also nirgends anzustehen, und du bist unter Freunden.«

»Sind das Leute aus deiner Klasse, die sich da treffen?«

»Nein, mit denen habe ich nur wenig zu tun. Das ist ein sehr gemischter Kreis. Ich bin da über meinen Bruder reingekommen, der jetzt aber nicht mehr so häufig dabei ist, weil er in

Dresden studiert. Du wirst einen Ingenieur kennenlernen, Lehrer, Studenten, einen Uhrmacher und so weiter, die meisten sind zwischen zwanzig und dreißig. Laß dich überraschen.«

Angelika machte einen lockeren und selbstsicheren Eindruck auf mich. Verständlich, schließlich war das ihre Welt. Aber ich ärgerte mich trotzdem, daß ich das nicht schaffte.

Die Mühle erwies sich als ein kleines, ordentlich restauriertes Lokal, ganz im alten Stil eingerichtet: Mühlsteine, Zahnräder, rustikale Balken, alte Handwerksgeräte an den Wänden. In einer abgeteilten Ecke saßen an einem langen Tisch etwa zehn Leute. Angelika wurde von der Runde freundlich begrüßt, ich holte schnell noch zwei Stühle.

Thomas stellte mich kurz vor: »Das ist Martin, aus Köln.«

Und Angelika erklärte: »Ich kenne ihn aus Berlin.«

Wieder fühlte ich mich wie ein begossener Pudel, als mich alle neugierig anstarrten. Ich bildete mir ein, daß mich meine Kleidung, meine Sprache, mein Unwissen so oder so als Westler »entlarvt« hätten, obwohl dies natürlich Quatsch war. War ich hier wirklich in einer besonderen Rolle, verbanden die Leute an diesem Tisch mit meiner Person wirklich Vorurteile, so wie ich es bei mir umgekehrt festgestellt hatte? Oder war es nichts Besonderes, daß ein westdeutscher Schüler in der vertrauten Freitagsrunde auftauchte?

In den ersten Minuten hatte ich diesen Eindruck, aber ich merkte schnell, daß ich mich getäuscht hatte. Flüchtige, kurze Blicke auf meinen Tabak und auf mich, mitten in einem Gespräch; die meisten warteten auf ein Signal von mir, sie hatten wohl Angst, von sich aus neugierig zu sein; lieber den Unbeteiligten spielen. Man muß sich diese Situation einmal vorstellen: Da saß ich als achtzehnjähriger Schüler aus dem Westen an einem Tisch mit Männern und Frauen um die fünfundzwanzig, schaufelte unter kritischen Blicken der Umsitzenden Kartoffelsalat mit Würstchen in mich hinein und trank dazu mit zittriger Hand ein Glas bulgarischen Rotwein, der gleich in mehreren offenen Flaschen auf dem Tisch stand. Angelika zwinkerte mir zu, als wollte sie mir sagen: »Gefressen wirst du hier nicht.« Aber für eine Unterhaltung war ich zu weit weg.

Als ich mir nach dem Essen eine Zigarette drehte, brach mein Nachbar sein Schweigen: »Kann ich mir mal eine drehen?«

»Na klar«, sagte ich und gab ihm Blättchen und Tabak.

»Bist du heute angekommen?«

»Vor zwei Stunden. Angelika hat mich vom Bahnhof abgeholt.«

»Wie lange dauert die Fahrt von Köln bis zu uns?«

»So zehn, elf Stunden.«

»Hast du sie gesehen?«

»Was gesehen?«

»Die Grenze.«

»Natürlich habe ich sie gesehen.« Lieber keinen weiteren Kommentar.

»Und?«

War das eine Prüfung? Oder hatte mein Nachbar zuviel getrunken? Er hatte es jedenfalls bis jetzt nicht gepackt, die Zigarette zu Ende zu drehen. Schon zum dritten Mal war ihm das Blättchen eingerissen. Er bemerkte meinen Blick.

»Ich bin nicht blau. Ich habe nur keine Übung«, erklärte er. »Machst du sie mir fertig?«

»Klar, gib mal her.«

»Noch einmal zur Grenze: Was hast du gefühlt, als du sie gesehen hast?«

»Ich weiß nicht«, setzte ich ganz vorsichtig an. »Erinnerte ein bißchen an Konzentrationslager. An perfekte Überwachung. Es war so unwirklich dort. Wer sich bewegt, tut es langsam und bedächtig, um niemanden herauszufordern. Ich könnte mir vorstellen, daß sogar die Hasen dort weniger heftig ihre Haken schlagen.«

Er sah mich nachdenklich an. »Ich war noch nie dort. Ich kenne das Ding nur aus Erzählungen. Ein Schulfreund von mir war mal bei den Grenztruppen. Ich würde sehr gerne mal am Zaun stehen und rüberglotzen. Nur einmal dieses Gefühl haben.«

»Fahr doch einfach hin.«

»Das geht nicht so einfach. Du brauchst einen Passierschein für die Fünf-Kilometer-Zone. Und den bekommst du nur, wenn du Verwandte dort wohnen hast«, belehrte er mich. »Nur in Berlin kannst du das.«

»Und warum willst du einmal dort stehen?« wollte ich wissen. »Das ist doch nur deprimierend, wenn man weiß, daß man nicht auf die andere Seite kann.«

»Warum, weiß ich auch nicht so genau. Vielleicht einmal schaudern, vielleicht einmal ein Bild davon haben. Einmal dem Feind ins Auge sehen«, sinnierte er.

»Aha.« Ich nickte, konnte ihn aber immer noch nicht ganz begreifen. Schließlich war die Grenze für mich kein echtes Hindernis. Ich besaß den Schlüssel zum Westen, meinen Reisepaß.

»Willst du hier weg?«

»Nein«, er schüttelte den Kopf, »auf gar keinen Fall. Ich lebe hier gerne, bin mit vielen unserer sogenannten Errungenschaften einverstanden, wenn ich dieses abgenutzte Wort mal benutzen darf . . .«

»Bei euch abgenutzt. Bei uns gebraucht es kaum jemand«, unterbrach ich ihn.

»Trotzdem möchte ich dieses Nicht-weggehen-Können einmal bildlich, konkret, vor Augen haben«, fuhr er fort.

»Wie kommst du auf diese Idee?«

»Ich arbeite im Kindergarten, und wir machen mit den Kindern viele militärische Spiele. Verteidigung des Sozialismus. Angriff des Imperialismus. Die Kinder sollen die Notwendigkeit einsehen, daß wir eine starke Armee brauchen, die unser sozialistisches Vaterland«, er grinste ironisch, »schützen soll. Du kennst sicher den Spruch: ›Der Friede muß bewaffnet sein‹.«

Ich erschrak. Im Kindergarten also fingen sie mit solchen Dingen schon an. Wehrerziehung für das Kleinkind? Ich zögerte: »Machst du so etwas gerne?«

»Nein, kaum einer ist mit diesen Spielen einverstanden. Aber wir müssen es machen. Sozialismus – das ist eine der besten Menschheitsideen: Alle gemeinsam für ein großes Ziel. Aber müssen deswegen vierjährige Kinder Soldat spielen, den Krieg üben? Muß ich sie noch dazu ermuntern? Und ich habe noch nicht einmal das gesehen, was sie mitverteidigen sollen: die Grenze.«

Er zündete sich endlich die Zigarette an, die ich ihm gedreht hatte. »Du gehst noch zur Schule, nicht wahr?« – »Ja.«

»Dann sei froh, daß du noch nicht arbeiten und Geld verdienen mußt. Da gehst du plötzlich Kompromisse ein, die du vorher nicht für möglich gehalten hast.«

»Das mag sein«, stimmte ich ihm nachdenklich zu. »Aber deswegen muß es mir in der Schule doch nicht unbedingt besser gefallen, weil sie dadurch zum kleineren Übel wird?«

»Natürlich nicht.« Er war still. Ganz offensichtlich steckte hinter seinen Fragen ein ganzer Berg von Problemen. Es spielte keine Rolle, daß er sieben oder acht Jahre älter war als ich. Er behandelte mich völlig gleichwertig, und ich war richtig stolz darauf, daß ich akzeptiert wurde.

»Wo schläfst du denn?« fragte er wieder munter.

»Weiß ich noch nicht. Angelika wollte das klären. Sie hat mich zwar eingeladen, aber zu Hause bei ihren Eltern ist kein Platz. Sie meinte, heute abend würde sich schon was ergeben.«

»Bei mir kannst du auch nicht bleiben. Ich wohne mit meiner Frau bei ihren Eltern. Aber vielleicht bei Ralf? Ich frag' ihn mal. Ich heiße übrigens Rainer.« Er drückte mir kräftig die Hand und wandte sich zur anderen Seite des Tisches. »Hey, Ralf, kann der Martin heute bei dir bleiben?«
Ralf, ein Typ mit Brille und halblangen blonden Haaren, etwa Ende zwanzig, musterte mich und nickte dann: »Aber nur, wenn du mir auch eine drehst.«
Ich mußte grinsen. »Kannst du haben«, sagte ich lässig und fühlte mich beinahe schon heimisch an diesem Tisch. Ralf beugte sich über den halben Tisch zu mir hin. »Was machst du in Halle? Angelika besuchen?«
»Moment«, sagte ich, »ich komme zu dir rüber«, stand auf und stellte mir einen Stuhl neben ihn.
»Angelika kenne ich aus Berlin. Und da ich sehr neugierig bin, wollte ich mir ansehen, wie sie hier so lebt«, sagte ich und dachte dabei, wie verkürzt ich meine Gründe zusammengefaßt hatte. »Ich möchte möglichst viel mitbekommen, was ihr macht und denkt, mir alles genau ansehen. Wie gesagt, ich bin sehr neugierig«, fügte ich hinzu.
»Wir können uns ja morgen unterhalten. Heute habe ich keine große Lust mehr dazu«, sagte Ralf. »Ich bin schon seit fünf Uhr auf den Beinen. Ich fahre morgens Brot aus, und nachmittags arbeite ich in einer Autowerkstatt, um mir ein bißchen dazuzuverdienen.«
Wir stießen mit unseren Gläsern an.
»Prost«, sagte ich. »Und vielen Dank!«
»Wofür? Ist doch selbstverständlich, daß du bei mir bleiben kannst.«
Die ersten Kontakte waren hergestellt, ich war zufrieden. Ein leichtes Drehen im Kopf erinnerte mich daran, daß ich ziemlich viel Wein getrunken hatte, eher beiläufig als absichtlich, aber das machte jetzt keinen großen Unterschied. Die Runde

am Tisch kam mir wie ein Traum vor, ich war müde von der langen Reise und den vielen neuen Eindrücken.
Während ich die Leute um mich herum beobachtete und ihren Gesprächen zuhörte, bemerkte ich erneut, daß diese Menschen auf eine ganz andere Weise miteinander umgingen, vertrauter waren, als ich es gewohnt war. Ich wußte es noch nicht einzuordnen, noch nicht zu erklären, aber das war mir im Moment gar nicht so wichtig. Ich fühlte mich wohl hier. Bald drehte ich unaufgefordert für die ganze Runde Zigaretten, weil ich merkte, wie schwer es den meisten fiel, mich darum zu bitten.
Gegen Mitternacht brachen wir auf. Angelika zahlte für mich, weil ich noch keinen Pfennig DDR-Geld besaß. Thomas und Sabine wollten meine Sachen am nächsten Morgen zu Ralf bringen. Ich verabschiedete mich von Angelika mit einem Gutenachtkuß und stieg in Ralfs klapprigen Trabant. Seine große Wohnung lag nahe dem Zentrum direkt neben der Eisenbahn.
Das Treppenhaus des Altbaus war in katastrophalem Zustand, die Wohnung dagegen tadellos renoviert: drei große Zimmer, Küche, Bad, Toilette.
»Meine Frau hat mich letztes Jahr verlassen und unser Kind mitgenommen. Ist also genug Platz für dich. Du kannst im Kinderzimmer oder mit im Ehebett schlafen«, sagte er.
»Ich schlafe im Kinderzimmer«, entschied ich mich. »Weckst du mich morgen früh?«
»Ich muß doch auch samstags arbeiten. Bin gegen Mittag wieder da. Sieh dir doch morgen früh die Stadt an. Wenn ich wieder da bin, können wir essen gehen, in Ordnung? Den Schlüssel für die Wohnung lege ich auf den Küchentisch.«
»Okay. Gute Nacht! Und nochmals vielen Dank.«
Obwohl das Kinderbett mir zu kurz war, schlief ich schnell ein, mit dem Gedanken: Ich bin in der DDR.

2

Sonnenlicht flutete an diesem warmen Samstagmorgen in das Kinderzimmer und weckte mich. Es war bereits nach zehn, der arme Ralf mußte auch heute arbeiten! Ich beeilte mich mit dem Frühstück, um noch rechtzeitig meine Anmeldung bei der Polizei zu erledigen. Vorher mußte ich noch Geld umtauschen. Die Bank lag ganz in der Nähe, Ralf hatte mir gestern noch den Weg dorthin erklärt. An einem der drei Schalter hatte sich bereits eine längere Schlange gebildet, dem Aussehen nach »Westler«. Ein Schild »Durchführung des verbindlichen Mindestumtausches« hing vor dem Schalterfenster – amtsdeutscher ging es wirklich nicht mehr. Nach zwanzig Minuten war ich dran, zweihundert Westmark gegen zweihundert Ostmark, das Geld für acht Tage.
Konnte man fünfundzwanzig Mark pro Tag ausgeben, wenn man wie ich noch nicht einmal für die Übernachtung bezahlen mußte? Eigentlich sollte dies kein Problem sein, und ich überlegte, ob fünfundzwanzig Mark ein zu hoher Umtauschsatz waren. Für Rentner mit Sicherheit, aber die meisten Jugendlichen? Mich konnte das Argument nicht überzeugen, wegen des hohen Umtauschsatzes nicht in die DDR zu fahren. Ich steckte mein Geld ein und ging zur Meldestelle der Volkspolizei, die direkt um die Ecke lag. Dort wurde ich zügig abgefertigt. Ich hatte meine Pflicht getan und mich als Besucher der Stadt registrieren lassen. Den Stempel im Paß und das Geld in der Tasche, nun konnte es losgehen.
Die ganze Sache hatte länger als erwartet gedauert, und es wurde eigentlich schon wieder Zeit, Ralf abzuholen. Ich wanderte in dem Viertel südlich des Zentrums herum. Es erinnerte mich im Stil an die Arbeitersiedlungen auf dem Prenzlauer Berg in Ost-Berlin. Alte Häuser in schmalen kopfsteingepflasterten Straßen, Wäsche an den Fenstern, selbstbemalte

Balkone, beinahe ärmliche, kleine Geschäfte mit wenigen Auslagen, in den Schaufenstern vergilbte Plakate: »Alle Kraft für die Vorbereitung des X. Parteitages der SED!« Offensichtlich wurde das fehlende Warenangebot durch Propaganda ersetzt. Vor einem kleinen Park sah ich ein neues Plakat: Eine Gruppe Volksarmisten blickte grimmig-entschlossen, die Hand an der Waffe, darunter stand: »Alle Kraft für die Verteidigung des Volkes!« Das durfte doch nicht wahr sein! Paßte dieses Plakat zum Bild des friedfertigen Sozialismus?
Ich lief weiter, quer durch den Park auf ein großes Haus zu, das mit roten Fahnen und der DDR-Flagge geschmückt war. »FDGB-Haus – Freier Deutscher Gewerkschaftsbund – Kulturhaus Halle« stand auf einem kleinen Schild, daneben vier Schaukästen.
Unter der Überschrift »Unterhaltungskünstler kamen für Pensionäre zusammen« Fotos einer weißbehelmten Arbeitsbrigade mit ihrer Wettbewerbsurkunde, andere Fotos zeigten die Brigade auf einer Industriemaschinenausstellung, darunter der Satz: »Erfolgreicher Messeverlauf«. In einem anderen Schaufenster stand in dicken roten Lettern: »Ruhm und Ehre der Arbeiterklasse«. Ein vergilbter Zeitungsausschnitt zeigte Mitglieder einer Arbeitsbrigade im Kampfanzug, darunter: »Die Angehörigen der Kampfgruppen der Arbeiterklasse, die seit fünfundzwanzig Jahren hervorragende Leistungen zur allseitigen Stärkung unseres sozialistischen Vaterlandes vollbringen, sind zum Appell anläßlich der Jährung des Gründungstages angetreten«.
Als ich mich zu einer Frau umdrehte, die gerade die Treppe zum Kulturhaus emporging, traf mich ihr verständnisloser Blick. Sie sah mich an, als ob sie innerlich den Kopf schüttelte. Was war los?
Kurz darauf wurde es mir klar: Kein Mensch blieb vor den Schaukästen stehen. Nicht einen einzigen Blick verschwende-

ten die Vorübergehenden für diese Propaganda, während ich nichts Besseres zu tun hatte, als alles genauestens durchzulesen. Ich überlegte, ob bei uns Werbeplakate ebensowenig beachtet wurden wie diese Schaukästen hier.
Ich ging nach Hause zurück und traf Ralf. Er saß im Wohnzimmer und trank eine Flasche Bier. »Tag«, begrüßte er mich. »Wie war's? Alle Formalitäten erledigt?« Ich nickte.
»Bei mir war auch alles prima. Sonst hat der Lieferwagen ab und zu seine Mucken, und dann bin ich manchmal erst nachmittags zu Hause. Da stehe ich dann irgendwo in der Wildnis und warte auf den Abschleppdienst.« Er lachte. »Komm, laß uns gehen. Ich habe Hunger.«
Auf dem Weg in den »Ratskeller«, das Restaurant am Marktplatz, erzählte Ralf mir, daß er nur selten koche. Essen sei billig in den Gaststätten, meistens reichlich, »und bevor ich mich stundenlang durch die Geschäfte drängele, und doch nur das bekomme, was ich gerade nicht brauchen kann, da setze ich mich lieber an einen gedeckten Tisch und lasse mir das Essen servieren«.
Ich stimmte ihm zu. Plötzlich fiel mir Christian ein. Der mußte doch hier irgendwo arbeiten. »Kennst du Christian, einen Bekannten von Angelika?«
»Meinst du den Christian, der am Karl-Marx-Platz in der Volksbuchhandlung arbeitet?« Ralf wußte Bescheid.
»Ja, den.«
»Er hat bald Mittagspause.« Rolf sah auf seine Uhr. »Ich bin sicher, daß wir ihn im Ratskeller treffen.«
Vor dem Eingang zur Gaststätte hing eine Tafel »Warten Sie hier bitte. Sie werden plaziert.« Wie bestellt und nicht abgeholt standen wir im warmen Sommerlicht und rauchten eine Zigarette.
»Das ist typisch«, sagte Ralf und wies auf das Schild. »In diesem Land darfst du nichts machen, die goldene Regel lautet:

Laß es mit dir machen!«
»Du meinst, keiner traut sich, einfach reinzugehen und sich irgendwo hinzusetzen?«
»Vielleicht doch, aber das hat keinen Sinn. Entweder der Ober wirft dich wieder raus, oder du wirst gar nicht bedient.«
»Aber wollen die Leute denn keine Gäste haben?«
»Im Prinzip nein. Denn dieses Lokal gehört dem Staat, und er zahlt dem Kellner und dem Wirt den Lohn, egal wie nett sie zu den Gästen sind. So wird der Kellner zum König!«
»Aha. Und wie ist das mit dem Trinkgeld?«
»Na ja, im Grunde hat der Kellner schon Interesse daran, höflich und freundlich zu sein, weil sein Lohn sehr niedrig ist und er eigentlich vom Trinkgeld lebt. Aber viele Ober erwarten Trinkgeld dafür, daß sie überhaupt da sind. Das geht mir doch zu weit.«
»Und ihr laßt euch das einfach so gefallen?«
»Du, Martin, du mußt noch sehr viel lernen«, sagte Ralf lachend. »Ich lebe seit beinahe dreißig Jahren hier, und von Anfang an habe ich gelernt, etwas mit mir machen zu lassen, die goldene Regel von vorhin. Die Sache ist doch ganz einfach: Wer essen gehen will, ist in einer abhängigen Position. Das weiß der Ober. Dann wartest du eben, bis du plaziert wirst.«
Ich schwieg. Das war ja völlig anders als bei uns. Wir lernten schon in der Schule, uns als selbständige Menschen zu begreifen. Wir sollten später in der Lage sein, uns durchzusetzen, alle Möglichkeiten zu nutzen, die sich uns bieten würden. Wir verhielten uns opportunistisch, paßten uns an, wenn es nötig wurde, oder handelten aggressiv, wenn es unsere Situation verbesserte. Darin unterschieden wir uns bestimmt nicht von den Jugendlichen in der DDR. Andererseits war ich mir sicher, daß es jemandem aus der DDR sehr schwerfallen würde, bei uns zurechtzukommen, denn er war es offensicht-

lich gewohnt, sich passiv zu verhalten. Bei uns bekam man aber nichts geschenkt, bei uns mußte man für alles kämpfen. Die Situation erinnerte mich an Ost-Berlin, wo wir über eine halbe Stunde vor dem »Haus der Jungen Talente« gewartet hatten, obwohl der Saal kaum gefüllt war. Wir hatten angestanden, um ordentlich, kontrolliert und organisiert eingelassen zu werden. Ich fragte mich, warum die Menschen hier sich dies gefallen ließen. Ralf hatte mir eine Antwort gegeben, die als Erklärung ausreichte. Aber wie wurden die »DDR-Menschen« erzogen, daß sie am Ende so unselbständig wurden? Es war sicher ein Fortschritt, daß der Kellner nicht mehr lohnabhängig war, daß er nicht mehr darauf angewiesen war, den Gast als König zu behandeln, damit der wiederkam und ihm seine Arbeit als Kellner und seinem Chef den Verdienst sichern half. Nun zeigte sich, daß seine Höflichkeit wirklich nur das Ergebnis einer solchen Abhängigkeit war, und der Gast war nun abhängig von seinen Launen.
Endlich waren wir an der Reihe.
»Wieviel Personen?« fragte uns der Kellner.
»Zwei«, antwortete Ralf.
Der Ober führte uns an einen Vierertisch.
Ralf blickte sich suchend um. »Christian ist noch nicht da, er wird wohl noch kommen.«
»Ralf«, begann ich, »wie ist das möglich, daß sich die Leute hier so unselbständig verhalten?«
Er sah mich nachdenklich an. »Dir kommt das hier wie eine fremde Welt vor, nicht wahr?«
»Irgendwie ja, obwohl es nicht viel anders als in einer unserer Städte aussieht«, antwortete ich.
»Genau kann ich es dir auch nicht erklären, aber ich will es versuchen«, sagte Ralf nach einer Pause. »In unserer Gesellschaft wird der Mensch von klein auf dazu erzogen, sich für die Entwicklung des Sozialismus einzusetzen. Das ist nur

dann möglich, wenn man in jedem Stadium der persönlichen Entwicklung vom Staat geführt und beaufsichtigt wird. Mit dem sogenannten ›richtigen Bewußtsein‹ für den Sozialismus wird man nicht geboren, es muß einem beigebracht werden. Das fängt in den Kinderkrippen an, im Kinderhort, dann wirst du Mitglied der ›Jungen Pioniere‹, dann ›Thälmann-Pionier‹, ab vierzehn gehst du in die FDJ, feierst Jugendweihe und so weiter. Während deiner ganzen Ausbildung bekommst du ständig gesagt, was du zu tun und zu denken hast. Damit aber nicht genug: Du mußt dein richtiges Bewußtsein bei jeder Gelegenheit unter Beweis stellen. Dauernd wird von dir ein Bekenntnis zum Staat und zum Sozialismus verlangt. Schnell lernst du die Anforderungen kennen, bald weißt du, was du zu sagen hast. Es ist paradox: Auf der einen Seite wird vorausgesetzt, daß du dieses Bewußtsein hast, allein deshalb, weil du hier in diesem Staat lebst. Auf der anderen Seite scheint man sich nicht sicher zu sein: Immer wieder will man die Treueerklärung hören.«

»Wer ist man? Wer will es hören?« fragte ich dazwischen.

»Dein Pionierleiter, der FDJ-Sekretär in der Schule, der Lehrer, immer derjenige, mit dem du gerade zu tun hast. Sie alle fragen danach, weil es dazugehört.«

»Hast du kein Beispiel?«

Ralf überlegte einen Augenblick. »Vor etwa zwei Jahren saß ich in einer Versammlung unseres Kollektivs, wir diskutierten über das neue Wehrgesetz – dieses Gesetz ermöglicht auch die Einberufung der Frauen; ich sagte sehr vorsichtig formuliert, daß ich gegen den Einsatz von Frauen in der NVA, der Nationalen Volksarmee, bin. Ich war in meiner Argumentation sehr hartnäckig. Ein Parteimann wies mich nach etwa zehn Minuten der Diskussion zurecht, ich hätte wohl nicht das richtige Bewußtsein. Zur Verteidigung des Sozialismus seien auch die Frauen nötig. Fertig, aus. Er sprach nicht über meine Argumente, sondern über meine falsche Einstellung zu dem Problem. Die anderen haben ziemlich betroffen geschwiegen, weil das selten vorkommt, ein öffentlicher Streit über solche Themen. Aber hinterher kamen zwei meiner Kollegen an, wir tranken ein Bier zusammen, und plötzlich gestanden sie mir, daß sie eigentlich auch gegen Frauen in der NVA seien, aber daß es doch nutzlos sei, öffentlich darüber zu sprechen.«

»Dann macht ihr euch offiziell etwas vor, und unter Freunden redet ihr Klartext? Das ist ja schizophren.«

»Du sagst es«, lächelte Ralf zynisch. »Das lernst du ziemlich schnell. Vor allem durch die Schule. Mir kommt es heute irrsinnig vor, aber damals habe ich alles mitgemacht. Und das Schlimmste ist: Die meisten Lehrer wissen, daß eine Menge von dem, was sie erzählen, mit der Wirklichkeit nicht übereinstimmt, und die meisten Schüler wissen das auch. Dann werden falsche Antworten auf falsche Fragen gegeben, alle spielen das Gesellschaftsspiel mit. Das mußt du dir mal ansehen oder frag Angelika mal danach. Die Schüler wissen genau, was sie sagen müssen, das sind alles kleine Heuchler.«

Ralfs Bericht kam mir unwahrscheinlich vor; ich suchte nach Vergleichen: »So kann ich mir das gar nicht vorstellen. Wir werden natürlich auch im Sinne unseres Staates erzogen, zur Demokratie, zur Marktwirtschaft. Aber in bescheidenem Rahmen kannst du durchaus abweichende Meinungen äußern; natürlich gibt es auch Lehrer, die was Bestimmtes hören wollen. Aber ich kann protestieren, wenn mir etwas gegen den Strich geht. Der Lehrer versucht sich zwar durchzusetzen, aber er vertritt seine eigene Meinung und nicht eine, die von ihm verlangt wird. Das hoffe ich wenigstens.«

»Vielleicht machst auch du dir Illusionen«, meinte Ralf. »Ihr steht sicher auch unter Leistungsdruck, ihr braucht sicher auch gute Zensuren für eure Studienplätze, und da werdet ihr

sicher auch öfter mal den Mund halten. Nur schätze ich, daß es nicht so hart und kompromißlos zugeht wie bei uns.«
»Kann ich mal irgendwo im Unterricht dabei sein?«
»Das wird schwierig sein. Normalerweise gibt es das gar nicht, daß jemand aus dem Westen im Unterricht sitzen darf. Du brauchst mindestens die Genehmigung des Direktors, und ich bezweifle, daß er mutig genug ist, solche Entscheidungen alleine zu treffen. Schließlich bist du ein Klassenfeind!«
»Und wenn ich einfach sage, ich sei ein DDR-Bürger?«
Ralf lachte. »Warum nicht? Das wäre eine Möglichkeit. Nur an deiner Sprache wird man dich erkennen. Weniger Dialekt als wir und ein ganz anderes Vokabular. Du müßtest dir einen Lehrer aussuchen, dem es im Prinzip nichts ausmacht, falls er mitbekommt, wer du wirklich bist. Angelika kennt bestimmt einen. Aber ihr müßt aufpassen: Wenn das rauskommt, wenn die Sache schiefgeht, könnt ihr beide eine Menge Ärger bekommen.«
Die Vorstellung, am Montag im sozialistischen Unterricht zu sitzen, machte mich nervös und neugierig zugleich. »Abenteuer DDR.« Ich würde etwas kennenlernen, was die meisten Besucher hier nur aus Erzählungen wußten. Plötzlich fiel mir jemand von hinten um den Hals.
»Hey, Mann, bis du es wirklich? Das ist ja phantastisch«, rief Christian begeistert. »Ich freue mich wahnsinnig.«
Wir umarmten uns, und ich erzählte nach der ersten Aufregung kurz von Reise, Ankunft und dem gestrigen Abend.
»Das muß gefeiert werden«, strahlte Christian und winkte dem Ober. Da war sie wieder, die Herzlichkeit, ich fühlte mich sofort zu Hause. Christian bestellte eine Flasche Wein und sah mich an. »Und – wie gefällt's dir hier?«
»Großartig!« sagte ich voller Überzeugung. »Ihr seid alle unheimlich lieb zu mir.«
»Na, das kommt ja auch nicht alle Tage vor, daß wir Besuch

aus dem Westen haben. Und ich weiß ja, daß dir was an uns liegt, oder?«

»Na klar«, sagte ich.

»Wir werden dich die nächsten Tage herumreichen wie auf einem Präsentierteller.«

Der Ober brachte den Wein. Christian probierte und nickte. Er goß unsere Gläser voll, wir prosteten uns zu.

»Habt ihr heute abend schon was vor?« fragte Christian.

»Nein, noch nicht. Wir könnten in die ›Lilie‹ gehen, das ist ein Lokal unten am Marktplatz«, erklärte mir Ralf. »Ich besuche heute nachmittag allerdings erstmal eine Freundin.«

»Ich habe auch noch bis um vier zu tun, im Lager«, sagte Christian. »So lange wirst du dich alleine beschäftigen müssen. Du kannst dir ja die Stadt ansehen.«

»Genau das habe ich auch vor«, nickte ich. »Ich rufe Angelika dann an, und wir treffen uns alle um acht in dem Lokal.«

»Alles klar«, meinte Christian. »Du hast die Sache schon voll im Griff.«

»Deine Buchhandlung will ich gleich auch noch ansehen, ja?«

»Sicher. Vielleicht findest du etwas, was dich interessiert.«

Wir kippten den Wein ziemlich schnell runter, Ralf hatte es auf einmal eilig, Christian verzichtete auf ein Essen, und ich war leicht angeheitert, weil ich Alkohol um diese Tageszeit überhaupt nicht gewöhnt war. Ralf verabschiedete sich von uns, und ich ging mit Christian zur Buchhandlung.

»Volksbuchhandlung« stand in großen Neonbuchstaben über den breiten Schaufenstern, in denen sich die Bücher stapelten. Obwohl der Ladenraum ziemlich groß war, standen im Vergleich zu unseren Buchläden relativ wenig Bücher in den Regalen, darunter kaum Taschenbücher. Dafür waren die Preise erheblich niedriger als bei uns.

In der Ecke ein Stapel von Honecker-Biographien, ein großes Regal voller Marx-Engels-Werke; russische Literatur gab es

sehr viel, dazu wissenschaftliche Bücher. Viele Romane, die sich mit dem Faschismus und der Aufbauzeit der DDR beschäftigten. Hermann Kant und Christa Wolf kannte ich flüchtig, andere Bücher den Titeln nach. Insgesamt war das Angebot wohl doch ziemlich gut.
Nachdem ich mich umgesehen hatte, verabschiedete ich mich von Christian, der an der Kasse stand und Bücher sortierte.
»Bis heute abend!«
Ich stand wieder in der warmen Sommerluft und blinzelte gegen die Sonne über den Marktplatz. Die Geschäfte, die Autos, die Menschen, sie alle sahen provinzieller und weniger modern aus als bei uns, aber sonst konnte ich keine großen Unterschiede feststellen.
Rechts von mir bemerkte ich plötzlich eine Gruppe Jugendlicher, alle im Alter zwischen zwölf und sechzehn, die laut grölten, blau-gelbe Fahnen schwenkten und dabei »Ri-ra-ro-Magdeburg-k.o.« skandierten. Einige von ihnen überquerten zielstrebig den Platz und steuerten auf einen HO-Laden zu. Der Rest ließ sich auf ein paar Bänken etwa fünfzig Meter von mir entfernt nieder, einige leere Weinflaschen klirrten auf das Pflaster. Zwei Wagen der Volkspolizei tauchten auf. Die Polizisten griffen jedoch nicht ein, selbst als Fans eines anderen Fußballklubs mit den »Blau-Gelben« eine Schlägerei anfingen. Mit ungerührter Miene beobachteten die Beamten das Geschehen. Ich fühlte mich vor den Kölner Hauptbahnhof an einem Samstagnachmittag versetzt. Die Prügelei war schnell vorüber, die einzelnen Gruppen sammelten sich wieder und suchten sich je einen eigenen HO-Laden, um Wein und Bier zu kaufen. Dann zogen die beiden Gruppen beinahe friedlich nacheinander Richtung Altstadt ab. Ein Polizeiauto folgte in größerem Abstand.
Ich stand immer noch da, als unbeweglicher Beobachter einer Szene, die so gar nicht in die DDR-Atmosphäre zu pas-

sen schien. Hatte Ralf mir nicht erzählt, die Jugendlichen hier wären sehr angepaßt?

Ich löste mich aus meinen Überlegungen und ließ mich durch die Stadt treiben. Halle ist ein Ort mit rund dreihunderttausend Einwohnern, mit viel Industrie und einer großen Universität. Im Schaukasten der Marktkirche verwies man darauf, daß in dem Gotteshaus schon Martin Luther gepredigt habe. Ziemlich in der Nähe befand sich das Georg-Friedrich-Händel-Geburtshaus. Ich wanderte langsam aus der Innenstadt hinaus, nahm die Straßenbahn und landete nach einer halben Stunde Fahrt in Halle-Neustadt, einem riesigen Wohngebiet, dicht bebaut mit vielen Dutzend einförmigen Betonklötzen, manche bis zu zwanzig Stockwerke hoch. An diesem warmen Sommertag war kaum ein Mensch unterwegs, die Straßenbahnhaltestellen und die wenigen Grünanlagen war verwaist. Die einfallslose Betonwüste wurde durch wenige Farbtupfer belebt: Ein Transparent »Dank Euch, Ihr Sowjetsoldaten« und eine Plakatwand mit einem versonnen lächelnden Erich Honecker standen neben der Straße. Ich zählte die Blöcke, Stockwerke und die Wohnungen: Hier mußten einige Zehntausend »sozialistisch leben«, gleiche Wohnungen für alle zu vermutlich niedrigen Preisen.

Um den Preis der Langeweile, der Uniformität sicher auch. Keinerlei Merkmale für persönliche Ausdrucksformen. Gleiche Wohnungen, gleiche Autos – es mußte doch Dinge geben, mit denen man sich vom Nachbarn unterscheiden wollte. Oder hatte dies ein sozialistischer Bürger nicht mehr nötig?

Ich erinnerte mich an Gedanken meines Bruders, der vor zwei Jahren die Sowjetunion besucht hatte. Er nannte das Land damals langweilig und qualitätslos. Ich ahnte, daß er auch die DDR so charakterisiert hätte. Auf den ersten Blick wirkte hier alles eintönig und gesichtslos; wenn ich etwas mit

diesem Land verbinden würde, war es sicher nicht die Architektur oder das Leben auf den Straßen, da spielte sich wenig ab, sondern die Freundschaft mit meinen Bekannten, ihr Verhältnis zu mir und untereinander. Darin fand sich die Atmosphäre, die eine bleibende Erinnerung hinterlassen würde.
Nachdenklich wanderte ich in die Stadt zurück. Die Straßen waren breit und wenig befahren wie in Ost-Berlin. Den Ernst-Thälmann-Platz beherrschte ein riesiger Granitblock, aus dem sich vier Betonfäuste gen Himmel ballten, daran die Jahreszahlen 1918, 1921, 1945 und 1949, die Marksteine der Weltrevolution. Ausdruck der Kraft und der Zuversicht des Sozialismus, unerschütterlich und bedrohlich. Ich erreichte die Altstadt, lief in die schmalen Gassen hinein, in denen es aus blechernen Abfalltonnen qualmte, nach Braunkohlenheizung roch und wo die Luft empfindlich kühl wurde, da die Sonne die Straßen nicht mehr erreichte.
In einem Tabakgeschäft kaufte ich Zigaretten, eine Packung »Karo« für eine Mark sechzig. Ich fragte dabei auch nach Tabak und Blättchen.
»Tabak haben wir, aber keine Blättchen«, sagte die Verkäuferin schnippisch.
»Kriegen wir auch nicht mehr rein«, rief plötzlich irgendein Witzbold hinter mir. Einige Leute sahen sich betreten um.
Ich bemerkte einen Bekannten von gestern abend, mit dem ich mich ganz kurz unterhalten hatte.
»Ganz alleine unterwegs, Martin?«
»Ich habe mir die Stadt angesehen, Ralf ist bei einer Freundin und Angelika wahrscheinlich zu Hause«, erklärte ich.
»Hast du Zeit? Dann trinken wir einen Tee bei mir, ich wohne direkt um die Ecke.«
»Gern, ich komme mit.«
Ich folgte ihm in eine Nebenstraße; dann in einen finsteren Torweg, der zur Welt der Hinterhöfe führte. Im ersten Hof lag

ein zerstörtes Kinderwagengestell am Boden, daneben der dampfende Mülleimer. Im nächsten Hof schimpfte irgendwo in der Höhe eine Frau mit ihrem Kind, und im dritten endlich lief mein Bekannter in den rechten Seitenflügel. Angestrengt versuchte ich mich an seinen Namen zu erinnern, aber er fiel mir nicht ein. Ich hatte gestern abend zuviel Neues verarbeiten müssen. Mein Begleiter wohnte im Erdgeschoß, mit Aussicht auf den Hof. »Entschuldige«, fing ich an, »aber leider habe ich deinen Namen vergessen.«

»Macht nichts«, sagte er lachend. »Ich bin Lutz.«

Er führte mich durch die geräumige Wohnung. »Das hier ist Karls Zimmer. Er studiert Germanistik und müßte eigentlich schon hier sein. Wird wohl noch in der Markthalle einkaufen.«

»Du wohnst mit ihm zusammen?«

»Ja, ich hatte Glück, er hat mich hier einziehen lassen, weil ihm die Wohnung zu groß ist.«

Das Zimmer war ziemlich groß und sehr gemütlich mit alten deutschen Möbeln eingerichtet. Poster von einer Kunstausstellung und der DDR-Rockgruppe »Karussell« an der Wand, daneben ein überlebensgroßer Marx-Kopf, auf dem Boden stapelten sich Bücherberge und ein Haufen Platten. Auf dem Schreibtisch ein einziges Papierchaos, darüber in ovalem Rahmen ein Leninporträt. Lutz blickte zu mir herüber und grinste.

»Er ist ein beinahe Hundertprozentiger.«

»Wie meinst du das?«

»Er glaubt dran, an unseren Sozialismus. Wir diskutieren ziemlich häufig. Aber wir verstehen uns trotz der Meinungsverschiedenheiten prima. Karl ist in Ordnung, sonst würde ich hier gar nicht wohnen.«

Ich nickte.

»Versteh mich bitte nicht falsch! Er weiß genausogut wie ich, daß bei uns eine Menge schiefläuft. Aber die schlechten Seiten bei euch machen unsere Mißstände für ihn halt wett.«

»Welche schlechten Seiten meint er denn?« fragte ich.
»Arbeitslosigkeit, Profitgier, Ausbeutung. Sprich lieber selbst mit ihm. Ich habe da eine etwas andere Meinung.«
»Mach' ich«, sagte ich selbstsicher, obwohl ich auch Angst vor einer solchen Diskussion hatte. Ich folgte Lutz zurück in den Flur.
»Die Küche.«
Er setzte Wasser auf und füllte den Teefilter. »Den Tee hat mir mein Bruder geschickt«, erklärte er bereitwillig, als er meinen Blick auf das englische Etikett – »Earl Grey« – bemerkte.
»Du hast einen Bruder im Westen?« fragte ich erstaunt.
»Ja«, nickte Lutz. »Er hatte einen Antrag laufen und ist seit zwei Jahren drüben.«
»Antrag?«
»Ja, einen Ausreiseantrag. Er wollte zu seinen Freunden nach West-Berlin. Er hat sehr viel politisch gearbeitet, nur mit der ›falschen‹ Einstellung. Irgendwann haben sie ihn verhaftet und für drei Monate in U-Haft gesteckt. Und danach hat er einen Antrag gestellt, ganz freiwillig, wie es hieß. Sechs Monate später war er bei euch.«
»Und«, fragte ich betroffen, »was hältst du davon?«
»Ich glaube, für ihn war das die einzige und damit beste Lösung. Ich bin noch nicht soweit. Ich möchte lieber hier leben, bei den Leuten, auf die ich mich verlassen kann.«
»*Noch* nicht soweit?«
»Sehe ich nicht schon aus wie einer, der bald gehen will oder gegangen werden wird?« Er sah mich ironisch an.
Ich musterte ihn. In der Tat: Im Westen wäre mir sein Aufzug überhaupt nicht merkwürdig vorgekommen, doch hier stach er aus der Masse heraus. Er trug die typischen alternativen Klamotten, wahrscheinlich von seinem Bruder geschickt: eine blau-weiß längsgestreifte Latzhose, ein vermutlich selbstgefärbtes lila T-Shirt, Turnschuhe, seine Haare waren ziemlich

lang, darunter blinkte ein goldener Ohrring, und zur Krönung war er unrasiert. Ich wußte sofort, das war seine Form von Protest. Bei uns war diese Kleidung mittlerweile eher typisch für eine allgemeine Anpassung als ein bewußter Protest. Lutz dagegen war in der DDR ein Original, mußte Mut zeigen, sich viel konsequenter und bewußter für Verhalten und Kleidung rechtfertigen.

»Ist das deine Art der Opposition, so herumzulaufen?« fragte ich. Gleich darauf tat mir meine harte Frage schon wieder leid, doch Lutz blieb gelassen.

»Lieber so als im blauen FDJ-Hemd, das sage ich dir. Du ahnst gar nicht, wie du in diesem Aufzug die Vopos anziehst, wie das Licht die Motten. Sie umschwirren dich förmlich, das ist kein leichtes Leben.«

»Brauchst du das?«

»Vielleicht. So eine Art Bestätigung, daß ich anders bin und dies auch durchhalten kann. Bewußt leiden.«

»Aber du veränderst doch damit nichts. Nur deine Verbitterung oder gar dein Haß auf die da oben vergrößert sich«, wagte ich zu bedenken. Bei uns hätte ich es nie fertiggebracht, einen Menschen nach so kurzer Zeit so anzugreifen. Lutz ließ sich nicht irritieren.

»Ich will dir mal eine Geschichte erzählen: Ich hatte einen Freund in Berlin, der hat als Sechzehnjähriger mit einem Gedicht gegen die Ausbürgerung Wolf Biermanns protestiert. Es dauerte nicht lange, bis er und seine Freunde unter Bezug auf Paragraph 107 des Strafgesetzbuches, das ist ›verfassungsfeindlicher Zusammenschluß‹, verhaftet wurden. Er wurde zu zwei Jahren verurteilt, fünfzehn Monate hat er abgesessen. Ein sechzehnjähriger Junge wird ins Gefängnis gesteckt, weil er Gedichte schreibt und sie vorliest, weil er die Probleme der Welt in Briefe gepackt hat und seinen Freunden schickte. Das ist schlimm genug. Doch damit endete die Geschichte noch nicht. Weil er noch nicht mündig war, zog man seine Mutter zur Verantwortung. Sie verlor ihren Job als Lehrerin, fand darauf keine Arbeit mehr und beantragte die Ausreise in den Westen. Dem Antrag wurde erstaunlich schnell stattgegeben. Als ihr Sohn später entlassen wurde, wollte sie ihn natürlich besuchen. Doch die Rückkehr in ihr Land wurde ihr verweigert. Der Junge hatte immer noch die Absicht, sein Leben in der DDR zu verbringen, und wollte das Abitur nachmachen. Nachdem sein Antrag abgelehnt worden war, beantragte der Junge seine ›Entlassung aus der Staatsbürgerschaft der DDR‹. Bis zu seiner Ausreise hat er auf einem protestantischen Friedhof in Berlin gearbeitet. Nur die Kirche hat es gewagt, ihm eine Stellung zu geben.«

Ich nickte stumm, blieb still, war betroffen von derart konsequenter Bürokratie, von dem anonymen Apparat, der diesem Jungen alle Chancen genommen hatte.

»Und noch eins, was du sicher auch nicht weißt: Wir haben hier nicht nur das Recht auf Arbeit, sondern auch die Pflicht zur Arbeit. Wer längere Zeit ohne erstes AV ...«

»AV?«

»Erstes Arbeitsverhältnis! Wer keines hat, kann wegen asozialen Verhaltens in den Knast kommen. Wenn du einen Ausreiseantrag stellst, bist du für die sozialistische Ordnung nicht mehr tragbar und verlierst deinen staatlichen Arbeitsplatz. Das wird ganz logisch begründet: Da du diesen Staat verlassen willst, hast du auch keinen Anspruch auf seine Leistungen. Deswegen ist es so wichtig, daß du einen Job findest. Wer einen Antrag stellt, muß sehr viel in Kauf nehmen. Und es ist schwer durchzuhalten, das sage ich dir!«

»Aber du hast keinen Antrag laufen?«

»Nein, solange sich das vermeiden läßt.«

»Aber wieso?« So ganz hatte ich noch nicht begriffen. »Was treibst du denn, daß du irgendwann ausreisen mußt?«

»Ich *muß* ja nicht ausreisen, keiner zwingt mich direkt dazu«, erklärte er. »Aber es könnte eines Tages so weit kommen, daß ich nicht mehr anders kann. Ein Antrag ist immer die letzte Form von Protest, eine typisch deutsche Form von Protest zwar, aber eben auch die letzte Möglichkeit. Manchmal wünschte ich mir, daß es diese Möglichkeit nicht gibt, daß irgendwann die Bomben fliegen. Und danach ein richtiger Sozialismus, ein demokratischer. Aber daran glaube ich sowieso nicht.«

Ich schüttelte den Kopf. »Daran glaube ich auch nicht. Und überhaupt: Was meinst du eigentlich mit ›typisch deutsch‹?«

»Ich lebe lange genug in dieser Republik, um eines zu wissen: So etwas wie eine Revolution wird hier nicht passieren. Und genau das meine ich mit typisch deutsch. Lenin hat einmal gesagt, die Deutschen kaufen sich erst eine Bahnsteigkarte, bevor sie den Bahnhof stürmen. Und ich meine, Deutsche können überhaupt keine Revolution machen. Sie gehen entweder ins innere oder äußere Exil.«

»Und was bedeutet das hier in der DDR?«

»Ganz einfach. Das äußere Exil: der Ausreiseantrag; das innere: ein Doppelleben führen, sich unterordnen, die Anforderungen von Partei und Staat für sich persönlich klein halten und sie erfüllen, am Wochenende auf die Datscha fahren und eine spießbürgerliche Idylle pflegen.«

»Datscha?«

»Ein russisches Wort für Wochenendhäuschen, ein kleines Holzhaus mit Schrebergarten.«

»Aber so etwas gibt es bei uns genauso.«

»Moment, der Tee ist schon lange fertig«, unterbrach mich Lutz und goß unsere Tassen voll. »Einen Schuß Rum?« Ich nickte.

Im selben Moment klappte die Haustür ins Schloß, eine hochgewachsene Gestalt mit blonden kurzen Haaren und einer

Nickelbrille vor lustigen Augen erschien im Türrahmen und grinste uns an.
»'n Abend, Lutz. Wie war's heute?«
»Nichts Besonderes«, sagte der. »Das Übliche. Wir haben die Proben fast hinter uns, nächste Woche ist Premiere.« Ich sah Lutz erstaunt an. »Bist du Schauspieler?«
»Nee, schön wär's«, lachte er. »Kulissenschieber hier im Theater in Halle. Nichts Aufregendes.«
»Und wer bist du? Ich heiße Karl«, sagte sein Wohnungsgenosse und hielt mir die Hand hin.
»Ich bin Martin.«
»Und woher kommst du?« fragte Karl neugierig weiter.
»Ich bin zu Besuch hier«, erklärte ich. »Wir haben uns gestern in einer Kneipe kennengelernt.«
»Und von wo kommst du?« Er fragte unerbittlich nach, wollte wissen, mit wem er es zu tun hatte. Ich konnte mich nicht länger verleugnen, dabei wollte ich nicht schon wieder im Mittelpunkt einer Ost-West-Diskussion stehen.
»Aus Köln.«
Ich war sicher, daß er überrascht war. Aber er zeigte es nicht.
»Aus der NSW also?«
»NSW?« Diese Abkürzungen gingen mir langsam auf die Nerven, zumal Karl über meine Unwissenheit schmunzelte.
»Der nichtsozialistischen Welt! Bist du das erste Mal hier?«
Seine harmlosen Fragen schienen mir wie ein Vorgeplänkel, ein vorsichtiges Abtasten vor dem großen Schlagabtausch. Gespräche zwischen West und Ost, das hatte ich schnell gemerkt, hatten hier immer wieder einen überraschenden Verlauf. Wie schnell mich Lutz in seine innersten Schwierigkeiten eingeweiht hatte!
Ich sagte: »Ja, zum ersten Mal.«
»Und was hältst du von unseren Errungenschaften?«
»Ich weiß nicht so genau. Welche meinst du denn?« fragte ich

und bemerkte erst in diesem Moment die Ironie in meinen Worten.

»Die soziale Sicherheit, niedrige Preise und Mieten zum Beispiel. Bildung für die Arbeiterklasse. Ein erstklassiges Gesundheitssystem. Kein Profit, keine Ausbeutung«, zählte Karl auf.

Lutz ermahnte ihn: »Laß das doch. Der Junge ist doch kein Kapitalist. Soll er dir jetzt sagen, wie toll unsere Republik ist?«

»Was du darüber denkst, das weiß ich genau«, entgegnete Karl. »Aber ich werde doch noch fragen dürfen, oder?«

Ich ärgerte mich über den »Jungen«. Lutz war zwar fünf oder sechs Jahre älter, Karl höchstens vier. Aber trotzdem! Außerdem ahnte ich, daß die folgende Diskussion auf den üblichen Austausch von Vorurteilen hinauslief. Aber vielleicht mußte das so sein.

»Ich meine, jedes Ding hat zwei Seiten«, sagte ich vorsichtig. »Eure Mieten zum Beispiel sind sehr niedrig . . .«

»Diese Wohnung hier: zwei Zimmer und Küche, Toilette auf Halbetage kostet nur dreißig Mark!« unterbrach mich Karl.

». . . sind zwar sehr niedrig«, fuhr ich unbeirrt fort, »aber dafür sind die Wohnungen nicht sehr modern, bei uns ist eine Toilette im Treppenhaus eher die Ausnahme, außerdem verfallen eure Häuser äußerlich, weil der Staat kein Geld für Reparaturen ausgibt. Jetzt zu den Lebensmitteln: Auf den ersten Blick sind sie bei euch billig, das gebe ich zu. Aber dafür haben sie meist eine schlechte Qualität, und wenn es sich nicht um Grundnahrungsmittel handelt, sind sie recht teuer, falls man sie überhaupt bekommen kann.«

»Das ist doch gar nicht wahr«, entgegnete mir Karl. »Längst gibt es so etwas wie staatliche Hilfe zur Selbsthilfe, wenn jemand seinen Altbau renovieren möchte. Und Fleisch zum Beispiel wird bei uns im Durchschnitt genausoviel gegessen wie bei euch. Bei euch kommt noch dazu, daß die Kapitalisten sich auf Kosten der Arbeiter dumm und dämlich verdienen!«

»Zugegeben, bei uns liegt auch einiges im argen. Aber wir haben wenigstens keine Diktatur!« konterte ich.

»Die haben wir auch nicht. Wir haben eine Demokratie, eine Volksdemokratie. Bei uns, nicht bei euch, herrscht das Volk.«

»Wieso das denn?«

»Ganz einfach: weil der sozialistische Staat der Arbeiter und Bauern die Diktatur des Proletariats errichtet hat, also die Herrschaft einer Mehrheit über eine Minderheit. Eure bürgerliche Form von Demokratie dagegen ist eine verdeckte Form der Diktatur des Kapitals, mit anderen Worten: Die Minderheit der Kapitalisten herrscht über die Mehrheit der Bevölkerung.«

»Marx, nicht wahr?« warf ich ein. »Aber für mich gehört zur Demokratie, zur bürgerlichen Demokratie, wie du das nennst, zum Beispiel die Freiheit des einzelnen. Wir können unsere Regierung abwählen, wir haben eine Opposition.«

»Und wir brauchen gar keine Opposition«, sagte Karl überlegen.

Was sollte ich dazu sagen? Wir redeten aneinander vorbei. Wir sprachen von ganz verschiedenen Dingen. Mir wurde deutlich, wie sehr dreißig Jahre DDR das Bewußtsein der Menschen verändert haben mußten. Mit meinen westlichen Vorstellungen war Karls Argumentation überhaupt nicht beizukommen.

»Weißt du«, sagte er selbstzufrieden, »bei uns stimmen gesellschaftliche und persönliche Interessen eben überein, euch wird das nur eingeredet.«

»Und was ist, wenn man dir das auch nur eingeredet hat?«

»Das braucht mir nicht eingeredet zu werden, das weiß ich. Unser Staat hat nun mal durch die Überführung der Produktionsmittel in gesellschaftliches Eigentum ein für allemal die

Ausbeutung des Menschen durch den Menschen abgeschafft. Es gibt bei uns keine Kapitalisten mehr, die den vom Arbeiter produzierten Mehrwert als Profit einstecken können.«

»Aber dafür schuften bei euch die Arbeiter für den Staat, und zwar, soviel ich weiß, länger und für weniger Lohn als bei uns, ohne Streikrecht.«

»Wozu brauchen wir das Streikrecht?« lächelte Karl. »Wir würden doch nur gegen uns selber streiken. Der Staat sackt die Gewinne ein und steckt sie in den Wohnungsbau und in Subventionen für Miete, Tarife und Lebensmittel. Je mehr wir arbeiten, desto besser geht es uns!«

»Aber wer glaubt denn das?« Ich rannte gegen eine ideologische Mauer.

»Noch nicht alle, das weiß ich. Das dauert eben. Aber was habt ihr denn für eine Demokratie? Ihr wählt den, der euch das meiste verspricht, und wenn er es nicht halten kann, wählt ihr das nächste Mal jemand anderen!«

»Siehst du Westfernsehen?«

»Genau wie alle anderen«, gab er zu.

»Glaubst du, daß unser Fernsehen die Wahrheit über unser System bringt?«

»Ich denke schon, in vielen Punkten bestimmt.«

»Findest du es nicht merkwürdig, daß in unserem Fernsehen auch von den negativen Seiten des Kapitalismus berichtet wird?«

»Wieso merkwürdig? Worauf willst du hinaus?« fragte Karl.

»Na, wenn wir eine Diktatur des Kapitals haben, dann hätten die Kapitalisten doch auch das Fernsehen unter Kontrolle, oder? Aber wieso wird dann dort so häufig von den negativen Seiten des Kapitalismus berichtet?«

Doch Karl ließ sich nicht festnageln. »Die pure Ablenkung«, meinte er überlegen. »Genau wie die Werbung. Auf der einen Seite die schöne heile Welt, auf der anderen Seite zeigt euer

Fernsehen, wie beschissen es ist. Ventile für alle Richtungen.«
Jetzt fiel mir wirklich nichts mehr ein. Natürlich konnte ich unser System auch mal so sehen, aber es erschien mir widersinnig. Die Massen bei uns so geschickt manipuliert, daß sie sich dabei noch wohl fühlten? Unser System – eine gigantische Volksverdummung? »Du meinst, das ist bei uns alles organisiert, gesteuert?«
»Genau. Da gibt es eben Leute, das sind die mit dem Geld, die haben Interesse daran, daß alle diese Dinge so laufen.«
»Also, das glaube ich wirklich nicht. Unser ganzes Leben, unsere ganze Gesellschaft werden davon bestimmt, daß dem einzelnen ein möglichst großer Freiraum bleibt; so weit jedenfalls, wie er andere durch egoistisches Verhalten nicht schädigt.«
»Aber die Kapitalisten beuten doch die Arbeiter aus, also schädigen sie«, unterbrach mich Karl.
»Natürlich haben in dieser Freiheit die Leute mit mehr Geld auch mehr Möglichkeiten«, gab ich zu. »Aber trotzdem gibt es als Folge der Freiheit des einzelnen viele Dinge, die ich bejahe: Presse- und Meinungsfreiheit zum Beispiel, das Recht auf Demonstration und so weiter.«
»Das bringt doch alles nichts, das wird doch wirklich nur als Ventil genutzt.«
»Aber solche Ventile, falls es welche sind, gibt es hier bestimmt auch. Und ich glaube eben nicht, daß mit der Abschaffung des Privateigentums alle Ausbeutung aufhört. Es gibt ja noch reines Machtinteresse. Und auch das kann dazu führen, daß Menschen unterdrückt werden.«
»Ich muß leider feststellen, daß du wirklich an euer System glaubst. Das ist doch einfach dumm von dir, du kannst die andere Seite der Medaille doch nicht übersehen«, sagte Karl beinahe mitleidig. Das war ein unverschämter Satz, trotzdem machte er mich nachdenklich. »Vielleicht.«

Ich hatte mich verteidigen müssen, hatte pauschal unser System als das bessere hingestellt. Aber deswegen sah ich unseren Staat doch nicht unkritischer als die DDR! Oder doch? Ich war unsicher, weil ich genau wußte, wieviel üble Sachen bei uns passierten.

»Karl, sag mal konkret, was dir an unserem System nicht gefällt, ohne dein ideologisches Zeugs zu verbraten«, bat ich.

»Schockierend ist für mich eure Arbeitslosigkeit, vor allem die hohe Jugendarbeitslosigkeit«, erklärte er bereitwillig. »Dann die Inflation. So etwas haben wir gar nicht.«

»Moment, Karl, so stimmt das auch nicht«, unterbrach ihn plötzlich Lutz, der bis jetzt still zugehört hatte. »Die Preise steigen indirekt auch bei uns, weil sich die – wie heißt das doch so schön: Gebrauchswerteigenschaften verändern. Das Toilettenpapier wird teurer, nur weil es eine andere Farbe bekommen hat. Cornflakes werden statt in Papiertüten in Folie verschweißt und kosten dafür eine Mark mehr. Der Fettgehalt in der Milch nimmt immer mehr ab, der Preis bleibt gleich. Das Bier ›Werne's Grüner‹ heißt plötzlich ›Werne's Grüner Export‹ und kostet ebenfalls eine Mark mehr. Und früher bekam man Ölsardinen in jedem Fischgeschäft, heute nur noch in den ›Delikat‹-Läden zu überhöhtem Preis.«

»Na ja, das stimmt«, mußte Karl gestehen. »Aber eure Berufsverbote. Das ist doch ungeheuerlich, daß jemand nicht Beamter werden darf, nur weil er mal demonstriert hat oder in der DKP ist.«

»Das gibt es doch auch bei euch«, meinte ich. »Ihr habt auch Berufsverbote für die politisch Unzuverlässigen, jedenfalls soweit ich Lutz vorhin richtig verstanden habe. Hier kann man dann nur noch bei der Kirche arbeiten, richtig?« Ich sah zu Lutz rüber, der nickte kurz.

»Und was ist mit den Leuten, die bei uns im Knast sitzen, nur weil sie ausreisen wollen?« fragte Lutz erregt.

»Du übersiehst einiges, du legst zwei verschiedene Maßstäbe an«, verstärkte ich den Druck auf Karl sofort.
Karl beharrte auf seiner Meinung. Im selben Augenblick hatte ich das Gefühl, daß die Diskussion zu Ende gehen mußte. Wir hatten theoretisiert, nun mußte ich wieder zurück in die Realität und prüfen, ob sie meiner oder Karls Theorie entsprach. Auf beiden Seiten – bei Karl und mir – war plötzlich eine Art Haßliebe zu spüren, wie zwischen Geschwistern, die sich trotz tiefer Entfremdung zu gut kennen, um vorurteilslos miteinander umzugehen. Bei uns beiden tauchten wechselseitig Höflichkeit und Mißtrauen, Zweifel und Gegensätze auf.
Trotz unseres Streits verabschiedete ich mich herzlich von Karl, da ich mich bei allen ideologischen Unterschieden zu ihm hingezogen fühlte.
Lutz und ich suchten ein Telefon, um Angelika anzurufen. Sie war direkt am Apparat, und wir verabredeten ein Treffen in der »Lilie«, wo man im Freien essen konnte.
Es war immer noch sehr warm, dabei stand die Sonne schon knapp über dem Horizont. Im Süden schimmerte die Luft dunkel und schmutziggrau.
»Das Chemiekombinat Leuna«, erklärte mir Lutz. »Umweltschutz à la DDR.«
Wir setzten uns an einen freien Tisch vor dem Lokal und redeten über das Gespräch mit Karl.
»Ich mag ihn unheimlich gern, sonst würde ich da, wie gesagt, nicht mehr wohnen. Aber manchmal denke ich: Merkt der denn gar nichts mehr? Da können die unmöglichsten Dinge passieren, wie die Geschichte mit meinem Freund aus Berlin, und er zuckt nur die Achseln, redet vom gesellschaftlichen Ziel und daß einige eben darunter leiden müssen, wenn es nur für die Mehrheit gut ist. Ich frage dann, ob so etwas unsere Gesellschaft wirklich weiterbringt. Wir sind ja beide für den Sozialismus, den Kapitalismus lehne auch ich ab, nur

sind wir eben für verschiedene Formen von Sozialismus. Ich bin für mehr Eigeninitiative und weniger Staat, und er meint, so wie es heute läuft, sei es am besten, und es ginge auch gar nicht anders.«
»Du hast selbst angedeutet, daß es kaum Möglichkeiten gibt, etwas Eigenes zu machen. Wo bleibt da die Perspektive?« fragte ich.
»Da magst du recht haben.« Er schwieg. »Weißt du, ich kann das verstehen, daß bei euch viele Jugendliche von ›No future‹ reden, wenn sie als Sechzehn-, Siebzehnjährige schon ohne Arbeit auf der Straße stehen. Was sich hier bei uns abspielt, ist im Prinzip ähnlich und doch anders. Hier hast du Zukunft, wenn du dich an die Regeln hältst. Dann machst du die Schule mit, die tägliche Lüge und Schauspielerei, den Wehrkundeunterricht und den Wehrdienst, damit du studieren kannst. Du paßt dich an.«
»Moment. Du mußt zur Armee, um studieren zu dürfen?«
»Allerdings. ›Zur Fahne gehen‹ nennt man das.«
»Bei uns heißt das ›zum Bund‹«, sagte ich. »Kann man bei euch auch verweigern?«
»Ja und nein. Du kannst den Dienst mit der Waffe ablehnen, dann kommst du zu den Bausoldaten. Ich habe das gemacht. Wir mußten Gräben ausheben, Zäune ziehen, Panzerstraßen anlegen und so weiter. Du bist Soldat, wirst auch militärisch ausgebildet, nur eben ohne Waffe.«
»Bei uns arbeiten die Kriegsdienstverweigerer vor allem in Krankenhäusern, Pflegeheimen und mit Behinderten«, erkläre ich ihm.
»So etwas hat die evangelische Kirche vor einiger Zeit hier auch gefordert, doch der Vorschlag wurde als verfassungsfeindlich abgelehnt. Das mußt du dir mal vorstellen! Die Partei erzählt uns ständig, Sozialismus und Frieden seien wesensgleich. Aber nicht der soziale Friedensdienst ist der ideologi-

sche Schwerpunkt, sondern der Wehrdienst. Nur diejenigen, die zur Armee gehen, leisten echten Friedensdienst.«

»Das ist bei uns genauso. Die meisten Politiker behaupten auch, nur die Bundeswehr erhalte den Frieden, und die Möglichkeit zu verweigern gebe es nur deswegen, weil die Bundeswehr unsere Ordnung und damit das Recht auf Wehrdienstverweigerung schütze. Die meisten Leute sind auch dieser Meinung.«

»Und wie geht das, wenn du verweigern willst?«

»Du mußt in einem schriftlichen Antrag begründen, warum du verweigerst. Dann entscheidet ein Beamter im Bundesamt für Zivildienst, ob deine Begründung stichhaltig ist. Wenn er ablehnt, dann kannst du nur noch zum Gericht gehen und deinen Anspruch auf Zivildienst einklagen. Wenn er Zweifel an deiner Begründung hat, dann wirst du vor eine Kommission geladen und von ihr auseinandergenommen.«

»Was wollen diese Leute denn wissen?«

»Das weiß ich nicht so genau. Ich habe mich kaum damit beschäftigt, obwohl die Musterung spätestens im Winter ansteht. Letzten Monat bin ich allerdings in Köln bei der DFG-VK gewesen.«

»Was ist das denn?«

»Na, das freut mich ja, daß diesmal du eine Abkürzung nicht kennst. Das ist die Deutsche Friedensgesellschaft – Vereinigte Kriegsdienstgegner. Die machen Beratungsstunden für Verweigerer.«

»Wie bitte? Eine Organisation, die dich offiziell beraten und unterstützen darf?«

»Ja, allerdings. Erstaunt dich das?«

»O ja. Und diese Organisation wird in ihrer Arbeit nicht behindert?«

»Nein, soviel ich weiß, nicht. Nur ab und zu wird behauptet, sie sei kommunistisch unterwandert.«

Lutz grinste. »Interessant, was bei euch alles möglich ist.«
Als Angelika kam, erzählte ich ihr, wie ich den Tag verbracht hatte. Sie erwähnte kurz, daß Christian heute abend nicht kommen würde, weil seine Mutter plötzlich sehr krank geworden war. Als unser Essen kam, bestellte Angelika ebenfalls.
»Wenn ich so häufig wie ihr essen gehen würde, dann wäre ich sehr schnell pleite«, sagte ich mit vollem Mund. »Wie finanziert ihr das?«
»Typisch Westdeutscher: Alles dreht sich um Geld«, lachte Angelika. »Ich bekomme von der Schule Geld: hunderfünfzig Mark im Monat.«
»Schon immer?«
»Nur in der elften und zwölften Klasse. Außerdem bekommen meine Eltern Kindergeld, bis ich achtzehn werde. Gibt es so etwas bei euch nicht?«
»Nein, oder in anderer Form. Kindergeld kriegen meine Eltern auch, solange ich in der Ausbildung bin, höchstens bis zum fünfundzwanzigsten Lebensjahr. Als Schüler bekommst du nur dann Geld, wenn deine Eltern sehr, sehr wenig verdienen. Vom Staat bekomme ich also kein Geld. Meine Eltern geben mir achtzig Mark Taschengeld im Monat.«
»Das ist aber nicht viel für eure Verhältnisse, oder?«
»Das stimmt, so ein Essen wie hier kostet bestimmt zwölf bis vierzehn Mark.«
Angelika und Lutz sahen mich erstaunt an.
»Aber daneben gebe ich noch Nachhilfestunden. Davon und vom Taschengeld läßt sich ganz gut leben.«
Wir aßen zu Ende, und ich war schon wieder leicht angetrunken. So fragte ich Angelika, ob sie mich am Montag in den Unterricht mitnehmen könne. Sie überlegte ziemlich lange, meinte dann, daß sich das wohl machen ließe, wenn sie mich als ihren Cousin aus Berlin vorstellen würde, der auf Urlaub

in Halle sei. Als dieser Cousin sollte ich eine Tischlerlehre machen und mich für den Unterricht in einer EOS – also einer erweiterten Oberschule – interessieren. Das entsprach ja der Wahrheit.

»Ein bißchen ängstlich bin ich ja doch«, gestand ich ihr dann.

»Wir schaffen das schon«, ermunterte sie mich. »Und wenn du wirklich am Alltag in der DDR interessiert bist, kannst du ja morgen zur Jugendweihe meines Bruders mitkommen. Dann lernst du auch mal meine Eltern kennen.«

»Entschuldige – aber was ist denn nun schon wieder Jugendweihe?«

Eben noch hatte ich das Gefühl, schon lange hier zu sein, vieles schon zu kennen, doch jetzt stelle ich fest, daß es noch einiges gab, wovon ich keine Ahnung hatte.

»Martin, ich glaube, ich muß dir noch viel erklären«, sagte Angelika. »Jugendweihe – das ist eine Art Konfirmation ohne Kirche. Man verspricht unserem Staat die Treue, die Verwandten kommen zu Besuch, und für meinen Bruder wird es eine Menge Geschenke geben.«

»Muß man das mitmachen?«

»Es gibt keinen offiziellen Zwang. Aber wer nicht mitmacht, wird später kaum einen Studienplatz bekommen. Die eigentliche Bedeutung der Jugendweihe ist für die meisten gar nicht so wichtig, die Hauptsache ist, die Familie trifft sich mal wieder, und mein Bruder ist zufrieden, wenn er auf diese Weise das Geld für sein heißersehntes Mofa bekommt.«

»Ich komme gerne mit«, antwortete ich. »Das interessiert mich wirklich. Muß ich da irgendwelche besonderen Klamotten tragen?«

»Ich glaube, was du im Moment anhast, reicht völlig. Nur früh aufstehen wirst du müssen, der ganze Spaß fängt schon um acht Uhr an.«

»Ist gebongt«, sagte ich. »Da bin ich wirklich gespannt drauf.

Und was machen wir heute abend?«
Angelika lachte. »Das Übliche. Ab in die Kneipe. Ein paar Freunde werden bestimmt da sein. Aber eines muß ich dir noch sagen«, fügte sie nachdenklich hinzu. »Damit du keinen falschen Eindruck bekommst. Ich kenne viel zu viele Leute, die nicht unbedingt typisch sind für dieses Land, nicht typisch für die Mehrheit der Menschen hier. Und die meisten sind viel älter als wir, haben ganz andere Erfahrungen als wir gesammelt.«
Ich nickte: »Das ist mir schon klar.«
»Vielleicht nimmst du ein falsches Bild von unserem Land mit. Das möchte ich nicht.«
»Aber gibt es so etwas wie einen Durchschnittsbürger?«
»Wenn es ihn geben sollte, dann haben meine Bekannten jedenfalls sehr wenig mit ihm gemeinsam.«
»Gut, ich werde daran denken. Sollen wir gehen?«
»Gehen? Wir setzen uns rein ins Lokal, hier, direkt hinter uns.«
»Ach so«, sagte ich überrascht. Wir zahlten, und dabei unterlief mir ein peinlicher Fehler. Ich wollte für alle zahlen, die Rechnung betrug neun Mark und vierzehn Pfennige. Ich gab dem Ober einen Zehnmarkschein und ließ mir herausgeben. Mühsam zählte der Kellner das Kleingeld auf den Tisch und blickte mich dabei bitterböse an. Ich war noch in Gedanken mit Angelikas Warnung beschäftigt, so daß ich seine verärgerte Miene überhaupt nicht bemerkte. Erst als er grußlos gegangen war, sah mich Lutz betroffen an. »Sag mal, gibt man bei euch kein Trinkgeld?«
»Nee, das mache ich nur ganz selten«, sagte ich und bekam dabei einen hochroten Kopf.
»Eine Mark hättest du ihm wenigstens geben müssen«, sagte Angelika. »Auf jeden Fall bedient der uns bestimmt nicht mehr.« Ich entschuldigte mich, wollte das Kleingeld auf dem Tisch liegenlassen.

»Jetzt ist es dafür zu spät«, sagte Lutz, der meine Verwirrung bemerkte. »So schlimm ist es auch nicht. Nächstes Mal machst du es besser!«

Ich nickte betreten, und wir gingen in das Haus hinter dem Biergarten. Das Lokal war im Keller. Wir kämpften uns durch dichten Zigarettenrauch in den hinteren Teil und setzten uns an einen großen, runden Tisch. Dort saßen bereits drei Bekannte von Angelika, zwei Schulfreunde und ein etwa dreißigjähriger Mann, der sich mit dem älteren der beiden Schüler über Musik unterhielt. Der Mann war unrasiert und erinnerte mich mit seinem Haarschnitt an die Hippies Anfang der siebziger Jahre. Angelika stellte mich kurz vor. Er lächelte mich flüchtig an und nahm dann die Unterhaltung mit seinem Nachbarn wieder auf. Ich konnte nicht verstehen, was er erzählte, weil sich am Nebentisch eine Gruppe von Soldaten in Uniform mit ihren Freundinnen niedergelassen hatte. Es war Wochenende, und sie hatten anscheinend ein paar Tage Urlaub bekommen. Ich wunderte mich nur, warum sie Uniform trugen.

Lutz erklärte mir, daß für das Tragen von Zivilkleidung eine besondere Erlaubnis nötig sei, und die würde nur selten erteilt.

Angelika und ich sprachen noch einmal über meine Absicht, am Montag mit in die Schule zu gehen. Sie kannte einen Lehrer, dem es nichts ausmachen würde, einen Gast im Unterricht zu haben. Ihm sei es vermutlich egal, daß ich aus dem Westen komme, weil er wegen seiner zu wenig entschiedenen Einstellung für den Sozialismus sowieso bald pensioniert würde. Aber es sei auf jeden Fall besser, wenn er nicht mehr erfahren würde als nötig. Während wir redeten und Angelika mir einige Male versicherte, daß mir eigentlich nichts passieren könne, hatte sich der »Hippie« – er hieß Wolfgang – neben uns gesetzt und hörte unserem Gespräch zu. Später sprach er mich an, stellte Fragen, hakte hinter meine Antworten, als wollte er genau wissen, mit wem er es zu tun hatte.

Wolfgang erzählte von Erfahrungen, die er früher gemacht hatte; es fiel ihm schwer, aber er wollte davon erzählen, wollte mir etwas klarmachen, wovon ich nichts verstand. Mir gefiel, daß er für sein Alter sehr locker über sich selbst reden konnte.

»In Leipzig bin ich dann so Anfang der Siebziger unter Leute gekommen, die hatten einen ganz anderen Lebensstil. Da spielte Geld überhaupt keine Rolle, da hat man sich überall geholfen. Man konnte mal da wohnen oder dort – man gehörte zusammen. Was wir genau dachten, wußten wir nicht, aber emotional hatten wir einen gemeinsamen Nenner. Abend für Abend hörten wir Beatmusik, nahmen Westsendungen auf Tonband auf. Das ist bis heute wichtig, weil es nur wenige Platten aus dem Westen gibt. Die Bänder überspielten wir untereinander, nach dem Beat Biermann-Lieder und die Songs von der Renfft-Combo.«

»Kenne ich nicht«, unterbrach ich ihn.

»Ist auch kaum möglich«, lachte er. »Im Westen sind die kaum gespielt worden. Die Renfft-Combo hat Rockmusik gemacht, mit verdammt guten deutschen Texten. Klaus Renfft, der hatte 1960 schon eine Band. Aber er hat Auftrittsverbot gekriegt, weil die Jugendlichen zu seiner Musik getrennt tanzten. Dann hat er eine neue Gruppe gegründet, die ›Battlers‹. Aber auch diese Band wurde nach dem Stones-Konzert von 65, als die Waldbühne in West-Berlin vom Publikum zu Kleinholz verarbeitet wurde, verboten. Rockmusik wurde als ›zum Verbrechertum neigend‹ erkannt! Anfang der siebziger Jahre hat er es noch einmal probiert. Der Liedermacher Gerulf Pannach schrieb die Texte, Stücke gegen den Krieg und den ganzen Anpassungskram hier bei uns. Damals war die DDR gerade dabei, überall international nach Anerkennung zu suchen, und man gab sich richtig liberal in der Kulturpolitik. Aber es hat nicht lange gedauert, und die Renfft-Combo wurde verboten.«

»Und diese Musik hielt euch zusammen?«

»Ja. Wir trafen uns häufig in den Tanzsälen, wo sich die Amateurbands im Nachspielen der Hits übten. Dort traf man Gleichgesinnte, die wir ohne viel Gerede an den Klamotten und den langen Haaren erkannten. Ab und zu gab es auch mal Prügeleien mit der Polizei. Mit den langen Haaren warst und bist du denen sofort ein Dorn im Auge. Die wollen dann gerade bei Rock-Großveranstaltungen zeigen, wer der Herr im Haus ist. Das geht meist damit los, daß irgendein Bulle jemanden auffordert, sich nicht hinzusetzen oder irgend so was. Wenn man sich weigert, holen die Verstärkung, und plötzlich gibt es eine Riesenkeilerei. So war das zum Beispiel im Oktober 77 bei einem Konzert auf dem Alexanderplatz, da war eine Schlacht mit Tausenden von Jugendlichen und Polizisten. Ich hab' mir damals 'ne dicke Platzwunde am Kopf geholt und mich bei einer Freundin versteckt.« Seine Augen leuchteten wie die eines Veteranen, der von seinen Fronterlebnissen erzählt. »Manchmal denke ich, genau das wollen sie haben: daß wir gewalttätig werden und sie endlich zurückschlagen können. Da sind die drauf trainiert! Deswegen ärgern die sich ja so über unsere selbständigen Friedensgruppen! Die haben mit Gewalt nichts am Hut!«

»Und wie sieht das heute aus – mit der Rockmusik?«

»Die guten alten Zeiten sind vorbei«, sagte er. »Aber sie haben es nicht geschafft, den Rock kaputtzumachen. Nachdem sie das merkten, taten sie auf einmal ganz friedlich. Dabei ist doch jedem klar, daß Friedensparolen nur hohle Phrasen sind, wenn die Polizei auf uns loshaut. Auf jeden Fall: Plötzlich durfte alles gespielt werden, heute gibt es sogar Rockmusik-Wettbewerbe. Da darf sogar Udo Lindenberg bei uns spielen. Und wer lange Haare hat, ist plötzlich auch wieder ein Mensch. Aber, und das sage ich dir, das sieht ja dermaßen lächerlich aus, wenn die FDJ im Blauhemd nun auch plötzlich anfängt zu rocken, womöglich noch für den Frieden, und die ganzen Armisten mit ihren kurzen Locken grau in grau auf dem Parkett rumhüpfen. Das ist ja so, als wenn die Stasi auf Jimi Hendrix ausflippt.«

Ich mußte über diesen Vergleich lachen. »Bist du gegen den Staat hier?«

»So, wie er sich heute gebärdet, ja. Nichts gegen einen richtigen Sozialismus. Aber hier machen die dich doch kaputt. Wenn du fünfzehn oder sechzehn bist, dann steckt die Ablehnung mehr im Gefühl. Dann bist du mißtrauisch gegen alles, was sie dir erzählen wollen, wenn sie kommen und dich überzeugen wollen. Was sie sagen, kannst du nicht widerlegen, die können besser reden und wissen auf alles eine Antwort.«

Das hatte ich ja schon bei Karl gemerkt, dachte ich und fragte weiter: »Wann ist es bei dir losgegangen, wann hast du es gemerkt, dieses Gefühl?«

»Ziemlich spät. Das fängt meistens damit an, daß du aus der Schule rauskommst. In der Schule war ich eigenlich immer fleißig, sogar in Stabü.«

»Stabü?« Verdammt, nahm das denn gar kein Ende mehr mit den Abkürzungen?

»Staatsbürgerkunde«, erläuterte Wolfgang. »Bis zur Lehre hatte ich immer nur die Theorie kennengelernt. Meine Eltern sind langjährige Parteimitglieder, Parteigruppenorganisatoren oder so 'n Zeug. Zur Lehre mußte ich in ein Internat, das absolut militärisch aufgezogen war. Der Leiter war Parteimitglied und Alkoholiker. Der war morgens beim Fahnenappell schon voll. Ich hab' mich aufgebäumt, wollte nicht mehr in jeden Hintern kriechen. Also hat man mich von der Berufsschule gefeuert, und ich dachte nur wahnsinnig wütend, daß das doch nicht der Sozialismus sein könne. Die Schule, die FDJ, das ganze Brimborium haben mich total angekotzt. Damals durften wir noch nicht mal Jeans tragen, weil das dekadente Kleidung war. Ja, und dann bin ich zu diesen Leuten gestoßen, und ich wußte sofort: Die fühlen wie du. Denken war damals gar nicht so wichtig.« Er trank sein Bier in einem Zug leer.

»Aber heute sind Jeans doch erlaubt«, sagte ich.

»Da hat sich einiges getan, das stimmt. Vor zehn Jahren, da hast du die ›Bundis‹ an den Jeans erkannt, vor fünf Jahren an der Kordhose. Heute mußt du schon zweimal hinsehen, um einen Unterschied festzustellen. Die da oben sind cleverer geworden, lassen den Jugendlichen da Spielraum, wo sie keinen Schaden anrichten können. Ab und zu ein paar Rockkonzerte, auch längere Haare dulden sie nun, die Fußballfans dürfen sich prügeln, ohne dafür festgenommen zu werden...«

»Das habe ich heute schon gesehen«, unterbrach ich ihn grinsend.

»Und in den Discos und FDJ-Klubs spielen sie auch die ganzen Westlieder, im vorgeschriebenen 60/40-Verhältnis.«

»Wie schätzt du denn die Jugendlichen heute ein? Wilder oder angepaßter als zu deiner Zeit, wenn ich das mal so sagen darf?« Mir fiel bei dieser Frage mein Onkel ein, der damals bei den Studentenunruhen in den sechziger Jahren dabeigewesen war und sich heute über die »No-future«-Mentalität meiner Generation aufregte.

»Ich schätze, die große Mehrheit ist zwar nicht mit allem einverstanden, doch sie hat sich daran gewöhnt, daß nichts zu ändern ist, hat resigniert, bevor sie zu kämpfen angefangen hat. Diese Jugendlichen werden sich mit allem abfinden, die merken gar nicht mehr, wie die militärischen Forderungen von Tag zu Tag zunehmen.«

»Nicht so pessimistisch«, mischte sich Angelika ein. »Heute haben die meisten von uns den Glauben an die DDR verloren, das stimmt, aber sie wissen genausogut, daß, wer sich konsequent querstellt, irgendwann aufgeben und einen Antrag stellen muß. Davor haben sie Angst. Die meisten wollen nun einmal hier leben, in ihrer Stadt, bei Freunden, Frau und Familie. Da kannst du es ihnen doch nicht verübeln, wenn sie nichts machen, sondern nur noch mitmachen. Es bleibt ihnen doch keine andere Wahl, mir übrigens auch nicht. Was soll ich denn tun? Zur ›Jungen Gemeinde‹ gehen und fromme Lieder singen, über Sozialismus diskutieren, um festzustellen, daß draußen vor der Tür der Staat unbeweglich wie ein Betonsockel steht? Mir den Kopf daran blutig stoßen, nur um mich als Märtyrer zu fühlen? Das mögen schöne Zeiten gewesen sein, der Kampf gegen die Bürokratie, das Gefühl der Zusammengehörigkeit mit deinen Freunden, aber was ist denn daraus geworden? Du bist doch auch froh um deinen Posten als Regieassistent beim Fernsehen! Und machst du etwa keine konformistischen Filme?«

Wolfgang schwieg. Erst nach einer Pause sagte er: »Aber ihr könnt doch nicht durch die Gegend laufen, alles mitmachen, und das einzige Glücksgefühl, das ihr noch habt, ist: Hurra, wir leben noch! Da muß doch mehr sein.«

»Da ist auch mehr, da bin ich mir sicher. Aber die schweigende Mehrheit, die du beklagst, die gab's doch auch zu deiner Zeit.«

»Klar«, sagte ich, »die gibt es auch bei uns. Und trotzdem passiert viel, so eine Bewegung wie ›die Grünen‹ zum Beispiel, die können was verändern, und darauf setzen viele bei uns ihre Hoffnung.«

»Nur darfst du nicht vergessen, daß es so etwas bei uns nie geben wird«, stellte Angelika klar. »So etwas würde sofort im Keim erstickt werden. Leben kann man hier trotzdem.«

»Leben, das nennst du leben«, beklagte sich Wolfgang. »Wenn einem jeder Traum genommen wird.«

»Dir«, sagte Angelika hart. »Vielen geht es ja offensichtlich nicht so, sonst hätte sich sicher schon viel geändert.«

Ich stützte den Kopf in meine Hände, hörte die beiden nur noch von fern. Da erklärte ein junges Mädchen einem »erwachsenen Mann«, was er zu denken hatte, wo seine Fehler lagen. Plötzlich merkte ich, wie schwer mein Kopf war, wie vollgepumpt mit Alkohol ich war. Der Tag hatte schon zuviel für mich gebracht: eine fremde Welt, ganz neue Ideen. Gedanken und Einsichten waren auf mich eingeprasselt, und mein innerer Damm konnte dem nicht mehr standhalten. Ich fühlte mich müde und zerschlagen, ich brauchte Ruhe.

»Tut mir leid«, sagte ich zu Angelika und Wolfgang, »das war heute ganz schön viel für mich. Vielen Dank, ich habe einiges von euch gelernt. Aber ich glaube, jetzt bin ich reif für die Falle.« Ich hielt Wolfgang die Hand hin.

»Tschüß.« Er drückte kräftig zu. »War schön, dich kennenzulernen. Ich hoffe, wir sehen uns noch mal«, sagte er. »Wie lange bleibst du noch?«

»Bis Freitag! Wir sehen uns bestimmt noch«, versicherte ich. Angelika begleitete mich zu Ralfs Wohnung. Es tat gut, wieder den Himmel über sich zu haben, den warmen Wind zu spüren. Mein Rausch verflog, ich faßte Angelika an der Hand. Sie lächelte mich an. »Hier ist was los, nicht wahr?«

»O ja«, gab ich zu, »ihr steckt in einer ganzen Menge von Widersprüchen. So klar habe ich das noch nie gesehen. Und trotzdem: Das war einer der schönsten Tage meines Lebens. Von euch läßt sich wirklich viel lernen. Ihr lebt nicht so oberflächlich wie wir, ihr lebt viel intensiver.«

»Das stimmt wohl«, sagte sie und seufzte. »Was wir leben, leben wir intensiv.«

»Leben«, sagte ich schwermütig und war in der Stimmung, in

der man glaubte, alles viel klarer zu sehen. Vor der Haustür von Ralf lag der Schlüssel ordentlich unter der Fußmatte; obwohl wir uns in der »Lilie« verabredet hatten, war er nicht gekommen, aber das war mir jetzt vollkommen egal.
Ich machte die Tür auf und wollte mich von Angelika verabschieden, doch sie kam mit rein. Kaum war die Tür ins Schloß gefallen, fielen wir uns in die Arme und küßten uns lange. Eine ähnliche Atmosphäre wie damals auf dem Friedhof in Berlin war zwischen uns, gegenseitige Sympathie, Wärme und Zuneigung. Es war keine große Liebe, das wußten wir, aber es war wichtig für beide, jetzt jemanden zu haben, an dem man sich festhalten konnte. Ich zog Angelika ins Wohnzimmer, sie legte eine Platte von Joan Baez auf. Wir schmusten auf dem Teppich vor den Boxen und zogen uns langsam gegenseitig aus. Mauer und Stacheldraht, Ideologie und politische Feindschaft waren jetzt weit weg. Später kletterten wir in Ralfs Ehebett, Angelika lag warm neben mir, den Kopf auf meiner Brust, und war bald eingeschlafen. Ich war glücklich, weil ich tiefes Vertrauen zu ihr hatte.

3

Die Sonne weckte mich um halb acht. Es war im wahren Sinn des Wortes ein Sonntag, besser konnte es mir nicht gehen. Ralf war morgens um fünf noch gekommen; wortlos hatte er mir zugegrinst und war dann neben mir eingeschlafen. Ich machte Angelika vorsichtig wach, sie blinzelte mich an und strahlte. Wir blieben nicht mehr lange liegen, zogen uns schnell an; ich brühte in der Küche einen Kaffee auf, und dann waren wir auch schon in der noch kühlen Sommerluft. Angelika rief kurz bei ihren Eltern an und erklärte, wo sie die

Nacht verbracht hatte, allerdings ohne mich zu erwähnen. Wir liefen direkt zur Aula der »Erich-Weinert-Schule«, der Schule, in die ihr Bruder ging.

Unterwegs erzählte Angelika, daß die Jugendweihe eigentlich zwischen März und Mai gefeiert würde, aber dieses Jahr aus irgendwelchen organisatorischen Gründen auf das Ende des Schuljahres verschoben worden war. Ich erfuhr, daß ihr Bruder wie die anderen Jugendlichen, die zur Jugendweihe gingen, vierzehn war und daß er mit dem Sozialismus wenig Probleme hatte. In der Klasse war er für Agitation und Propaganda verantwortlich, er mußte also solche Dinge wie Parteitagsbeschlüsse in den Pionierversammlungen vorstellen und diskutieren lassen.

Angelika machte sich etwas Sorgen, da ihre Eltern nicht sehr erfreut darüber gewesen waren, daß sie ausgerechnet die Nacht vor diesem wichtigen Ereignis nicht zu Hause gewesen war. Was sollten die Verwandten bloß denken!

Als wir die Familie vor dem Festsaal trafen, machten alle einen sehr freundlichen und aufgeregten Eindruck. Ich wurde wie ein Freund der Familie begrüßt und wartete nun gemeinsam mit Angelikas Eltern auf die Ankunft einiger Freunde. Alle waren sehr festlich gekleidet, nicht nur die Eltern, auch die »Jugendweihler« selbst.

Die Mädchen trugen lange Röcke und weiße Blusen, dazu manchmal eine Stola, die Jungen fast alle eine dunkle Anzugjacke mit Schlips und heller Hose. Wie immer bei solchen Festlichkeiten wollten die Eltern ihre Kinder als kleine Erwachsene sehen. Die meisten waren noch Kinder: Schließlich ging man bereits in der achten Klasse zur Jugendweihe.

Ich fragte Angelika, was es für ihren Bruder bedeute, bei den Pionieren zu sein.

»Für meine Eltern war es völlig klar, daß mein Bruder zu den Pionieren sollte«, antwortete sie. »Für ihn übrigens genauso.

Seitdem er sechs ist, ist er dabei; neun von zehn Kindern sind bei den Jungen Pionieren. Ab der dritten Klasse dann heißen die Mitglieder Thälmann-Pioniere. Viele Eltern schicken ihre Kinder da hin, weil eine Nichtmitgliedschaft immer ein Minuspunkt in der Kaderakte der Kinder ist. Außerdem hat man als Pionier ganz andere Freizeitmöglichkeiten.«

»Welche? Eine so umfassende Jugendorganisation gibt es bei uns nicht«, unterbrach ich sie.

»Zum Beispiel macht man gemeinsam die Hausaufgaben nachmittags in der Schule, geht schwimmen, kann beim Musikunterricht oder bei Singgruppen mitmachen, dann natürlich auch politischer Unterricht, Fähnchen für die Demonstration zum 1. Mai basteln und so weiter.« Sie überlegte einen Moment. »Und dann gibt es da noch die Aktionen zur ›Unterstützung des sozialistischen Aufbaus in der DDR‹.«

»Darf ich um ein Beispiel bitten?« fragte ich formvollendet.

»Entweder das Sammeln von Solispenden...«

»Solidaritätsspenden?«

»Genau.«

»Und wofür wird gesammelt?«

»Für Vietnam oder Chile zum Beispiel. Außerdem wird Altpapier gesammelt, der Schulhof gereinigt und so weiter, Patenbetriebe der Schule besucht.«

»Mitmachen muß man aber nicht?«

»Es ist jedenfalls besser für später. Außerdem – wer nicht mitmacht, wird schnell in eine Außenseiterposition gedrängt, und das ist gerade für Kinder ja nicht angenehm.« Sie dachte wieder eine Weile nach. »Dann ist es auch noch so, daß die einzelnen Klassen, die Pioniergruppen bilden, untereinander im Wettbewerb stehen wie eigentlich alle Grundorganisationen bei uns. Dabei geht es um die besten schulischen Leistungen im Jahresdurchschnitt. Das finde ich eigentlich nicht schlecht, weil dadurch die Klasse Interesse daran hat, den

schlechteren Schülern auf die Sprünge zu helfen, mit ihnen gemeinsam die Hausaufgaben zu machen; zusätzlich gibt es Wettbewerbe in Sport und Politik. Und innerhalb der Gruppen gibt es so etwas noch einmal, da können die Schüler Diplome für gute Leistungen, Medaillen wie ›Für gute Arbeiten in der Schule‹ oder öffentliche Belobigungen bekommen. Und wenn die Kinder älter werden, also zu den Thälmann-Pionieren kommen, werden ihre Hobbys und Interessen durch Kurse oder Arbeitsgemeinschaften gefördert, um so frühzeitig auf spätere Berufe hinzuarbeiten.«
»Das klingt wirklich nicht schlecht«, gab ich zu. »Bei uns stehen so viele nach Abschluß der Schule da und wissen überhaupt nicht, was sie machen sollen, und es kommt nicht selten vor, daß sie nach ein paar Monaten ihre Lehre – wenn sie eine Lehrstelle bekommen! – schmeißen, weil sie sich unter diesem Beruf etwas ganz anderes vorgestellt haben.«
»Ja, das finde ich auch«, meinte Angelika. »Und mit der Jugendweihe gehen die Kinder sozusagen ins Jugendlichenalter über, werden dann Mitglieder der FDJ...«
Während wir uns unterhielten, hatten laufend Wartburgs, Trabants und auch einige Autos westlicher Marken auf dem Parkplatz vor der Aula gehalten. Endlich war Angelikas Verwandtschaft komplett, und wir gingen in den Festsaal, während die Kinder sich draußen vor dem Eingang ordneten. Der Raum bot Platz für etwa dreihundert Leute. Es war nicht zu übersehen, wer der Veranstalter der Feier war. Über der Bühne spannte sich ein großes, rotes Transparent mit der Losung »Dem Sozialismus unser Herz und unsere Hand«. Daneben die Flagge der Pioniere, um das Rednerpult war eine DDR-Fahne drapiert. An den Wänden ebenfalls Flaggen und Urkunden, die die Schule errungen hatte. Punkt neun Uhr intonierte die Kapelle das Lied »Wenn wir schreiten Seit' an Seit'«, und während die Jugendlichen in Zweierreihen in den

Saal einzogen, säumten Junge Pioniere den Mittelgang und erhoben ihre Hand zum Pioniergruß, die rechte Hand senkrecht vor der Stirn, den Daumen knapp über der Nase. Ich konnte mir ein Grinsen nicht verkneifen, es sah einfach zu lustig aus. Nach dem Einzug wurden einige Gedichte vorgetragen, die Sozialismus und Partei in höchsten Tönen lobten, dann sang die ganze Versammlung zwei weitere Lieder, die einen ähnlichen Text hatten. Danach stieg ein älterer Mann auf die Bühne, stellte sich hinter das Rednerpult, rückte seine Krawatte zurecht und warf einen feierlichen Blck auf die Versammlung.

»Liebe Pioniere, Jugendliche und stolze Eltern, liebe Genossen«, fing er an, räusperte sich und holte tief Luft. »Wir haben uns an diesem feierlichen und wichtigen Tag im Leben unserer Kinder versammelt, um die Jugendweihe zu feiern. Ein Fest, das seit den fünfziger Jahren zu einem festen Bestandteil des Lebens in unserem sozialistischen Staat geworden ist und von unseren Kindern als eine notwendige und außerordentlich bedeutsame Selbstverständlichkeit anerkannt wird. Ihr Jugendlichen wißt um diese Feier als einen aktiven Beitrag zur allseitigen Stärkung des Sozialismus. Und wir alle, liebe Eltern und Genossen, betrachten sie als einen Bestandteil der kommunistischen Erziehung unserer Kinder. Sie dienen so dem edlen Ziel des Sozialismus, dem Wohl des Volkes und dem Frieden. Mit der Jugendweihe beweist ihr, liebe Jugendliche, eure Bereitschaft zur Völkerverständigung und -freundschaft, zu Solidarität und dem unermüdlichen Einsatz für den Frieden. Ihr lebt in einem Staat, der sich das sicherste Fundament aufgebaut hat, das es gibt, nämlich Sozialismus und Frieden, und mit eurem heutigen Bekenntnis schreitet ihr weiter auf dem Weg des Sozialismus, einer lichten Zukunft entgegen. Kein Mensch kann leben bei uns, ohne zu empfangen und zu geben. Und in keiner Gemeinschaft ist dieses Miteinander so Lebensgrundlage und Lebensbedürfnis wie in der sozialistischen Gesellschaft. Vergeßt heute nicht, daß wir unseren sozialistischen Staat der Arbeiter und Bauern dem Sieg der ruhmreichen Sowjetarmee über den Faschismus verdanken, daß die Sowjetunion das Blut ihrer Söhne und Töchter vergoß, um uns dieses glückliche Leben zu ermöglichen. Die Zeugnisse des antifaschistischen Kampfes sind unserem Staat zum Allerheiligsten geworden, und gerade bei dieser bedeutenden Gelegenheit möchte ich auch daran erinnern, für die Errungenschaften unserer sozialistischen Republik stets verteidigungsbereit zu sein. So leistet auch in Zukunft eure Beiträge zur Stärkung des Sozialismus! In diesem Sinne wünsche ich euch viel Glück und alles Gute auf eurem weiteren Lebensweg!«

Anschließend verlas der Mann, er war Vorsitzender der Gesellschaft für Deutsch-Sowjetische Freundschaft, wie Angelika kurz erzählte, die Namen der Jugendlichen, die »geweiht« werden sollten. Ein stolzes Lächeln ging über die Lippen von Angelikas Mutter, als der Name ihres Sohnes vorgelesen wurde. Sonst hatten die pathetischen Worte keine besonderen Emotionen ausgelöst. Ich fühlte mich an eine kirchliche Predigt erinnert, diese Heilserwartung, dieses Gerede von der »lichten Zukunft«. Mir fielen Parallelen zwischen Christentum und Sozialismus auf, die mir vorher gar nicht so deutlich gewesen waren. Ideologische Litaneien – das Vaterunser, der Kreml – der Vatikan, die Fronleichnamsprozession – die 1.-Mai-Parade, die Bibel – das »Kapital«, der Teufel – der Imperialismus; das Paradies lag für Christentum wie für Sozialismus in der Zukunft.

Doch meine Aufmerksamkeit wurde wieder auf die Feier gelenkt; zu Ehren der Nationalhymne erhoben sich alle von ihren Plätzen. Die Kapelle spielte die Hymne, und ich wunderte mich, wieso keiner den Text mitsang. Angelika flüsterte mir auf meine Frage unter den ärgerlichen Blicken ihrer Eltern zu, der Text würde schon seit über zehn Jahren nicht mehr gesungen, weil darin von einem »einig Deutschland« die Rede sei.

Dann sprach der Redner das Gelöbnis vor: »Liebe junge Freunde, seid ihr bereit, als junge Bürger unserer Deutschen Demokratischen Republik mit uns gemeinsam treu der Verfassung für die große edle Sache des Sozialismus zu arbeiten und zu kämpfen und das revolutionäre Erbe des Volkes in Ehren zu halten, so antwortet: Ja, das geloben wir.«

Einstimmig schallte es zurück: »Ja, das geloben wir.«

»Seid ihr bereit, als treue Söhne und Töchter unseres Arbeiter- und Bauernstaates nach hoher Bildung und Kultur zu streben, Meister eures Faches zu werden, unentwegt zu lernen und all euer Wissen und Können für die Verwirklichung unserer großen humanistischen Ideale einzusetzen, so antwortet: Ja, das geloben wir.«

»Ja, das geloben wir.«

»Seid ihr bereit, als würdige Mitglieder der sozialistischen Gemeinschaft stets in kameradschaftlicher Zusammenarbeit, gegenseitiger Achtung und Hilfe zu handeln und euren Weg zum persönlichen Glück des Volkes zu vereinen, so antwortet: Ja, das geloben wir.«

»Ja, das geloben wir.«

»Seid ihr bereit, als Patrioten die feste Freundschaft mit der Sowjetunion weiter zu vertiefen, den Bruderbund mit den sozialistischen Ländern zu stärken, im Geiste des proletarischen Internationalismus zu kämpfen, den Frieden zu schützen und den Sozialismus gegen jeden imperialistischen Angriff zu verteidigen, so antwortet: Ja, das geloben wir.«

»Ja, das geloben wir«, kam es zurück.

»Wir haben euer Gelöbnis vernommen. Ihr habt euch ein hohes und ein tiefes Ziel gesetzt. Feierlich nehmen wir euch auf in die große Gemeinschaft des werktätigen Volkes, das unter Führung der Arbeiterklasse und ihrer revolutionären Partei einig im Willen und im Handeln die entwickelte sozialistische Gesellschaft in der Deutschen Demokratischen Republik errichtet.«

»Ein Schuß Weihe ist bei uns immer dabei«, flüsterte mir Angelika ins Ohr, während sich hinter mir eine Mutter vor Rührung die Nase schneuzte und einigen Jugendlichen die Tränen in den Augen standen.

Ich wisperte zurück: »War das echt oder nur ein Lippenbekenntnis?«

»Ich zumindest glaube nicht mehr dran«, gab sie zurück.

»Und dein Bruder?«

»Der vielleicht. Noch. Aber die wenigsten werden es später tun. Die Partei auch nicht. Die Arbeiter erst recht nicht. Einige vielleicht, aber nicht die Mehrheit.«

»Aber wenn alle durchblicken, warum spart man sich nicht die Sprüche und redet Klartext miteinander?«

»Das ist ziemlich einfach«, sagte sie mit einem Unterton, als ob sie meine Naivität bewundere, »das ist genau wie mit dem Abriß der Mauer. Sie riskieren es nicht.«

Die etwa fünfzig Schüler drängten sich mittlerweile vor der Bühne, bildeten eine lange Reihe und drückten nacheinander der Schuldirektorin die Hand. Dann bekam jeder aus der Hand eines jungen Pioniers zwei Blumen und das Buch »Der Sozialismus – Deine Welt«. Väter sprinteten in den Mittelgang, um ihre Kinder zu knipsen, als sie die Urkunde entgegennahmen. Die Feier ging zu Ende, Eltern, Verwandte und Kinder beglückwünschten sich, fielen sich in die Arme und drängten zum Aufbruch. Angelika fragte ihren Vater, ob ich zum Essen mitkommen könne; der hatte seinen Ärger wohl längst vergessen und willigte ein. Ich bedankte mich bei ihm, er winkte jovial ab.

Ich gratulierte Angelikas Bruder Bernhard zur Jugendweihe und hätte ihn sehr gerne gefragt, wie wichtig ihm das Fest sei, doch traute ich mich nicht in der Nähe der Eltern. Am Ausgang der Aula nahm ich ihn beiseite.

»Sag mal«, fing ich an, »was hältst du von der Jugendweihe?«

»Wieso?« fragte Bernhard erstaunt zurück. »Ist doch nichts Besonderes. Ein schönes Fest, und dann die ganzen Verwandten mit ihren Geschenken...«

»Ich meine jetzt dieses Gelöbnis«, versuchte ich meine Frage zu erläutern. »Also, du hast doch zum Beispiel gelobt, im Geiste des proletarischen Internationalismus zu kämpfen für den Sozialismus!«

»Ich tue doch etwas für den Sozialismus«, sagte er.

»Aber fühlst du dich nicht eingeschränkt, festgelegt auf ein paar Formeln?«

»Nein«, lachte er. »Das gehört doch einfach dazu.«

Ich gab's auf. Ich konnte ihm nicht klarmachen, was mich an dieser Feier beunruhigt hatte, ja geradezu schockierte: der totale Anspruch, das unverhohlene Verlangen des Staates, seine Bürger an sich zu binden, mit Gelöbnissen wie Geschenken. Der Sozialismus bekam durch solche Feiern jedenfalls einen sehr religiösen Anstrich. Gegen Religion hatte ich ja nichts einzuwenden, wenn sie wie bei uns eine private Angelegenheit ist, die jeder nach eigenem Gutdünken betreiben kann. Doch schaffte der Verpflichtungsanspruch des Staates nicht ein Klima der Unfreiheit?

Vielleicht sah ich die Jugendweihe auch etwas zu kritisch. Schließlich hatte ich ja nur eine schwache Ahnung davon, wie hoch der Anspruch des Staates DDR an seine Bürger letztlich war. Außerdem durfte ich, mußte ich davon ausgehen, daß die ständige Erziehung zu sozialistischen Prinzipien meinem Denken fremd war, schließlich war das Ergebnis meiner eigenen Erziehung eine ablehnende Haltung zum Kommunismus.

In Bernhard jedenfalls hatte sich kein Widerspruch geregt, er war glücklich und zufrieden mit dem heutigen Tag wie ein Konfirmand bei uns, der später vielleicht auch nicht mehr zur Kirche gehen wird, sich nicht mehr an sein Gelöbnis gebunden fühlt. Trotzdem: Die Kirche hat längst keinerlei Kontrollmöglichkeiten mehr, ein Staat besitzt dagegen genügend Instrumente, die Bürger auf die »richtige« Bahn zu zwingen.
Ich fragte mich, was ich an unserer Form von Staat gut fand. Drückte sich in der Bezeichnung »unser« wirklich ein echtes Zugehörigkeitsgefühl aus? Weshalb versuchte ich, mich mit »unserer« Gesellschaftsordnung zu identifizieren? Vielleicht das seltene Gefühl, daß ich in einem Land lebte, das bestimmte Formen von persönlicher Freiheit – ein magisches Wort – möglich machte, eine Freiheit, die erst durch Vergleiche klar wurde. War mein Besuch also doch nur eine Form von Selbstbestätigung?
Die versammelte Verwandschaft prostete sich zu. Längst saßen wir im Lokal »Zum roten Turm«, ein Kotelett mit Rotkohl und Kartoffelbrei dampfte vor mir auf dem Teller. Angelikas Vater hielt eine kurze Tischrede, dann trank man sich wieder zu. Neben mir saß ein etwa zwanzigjähriger Junge, der mich neugierig beobachtete und mich ansprach, als unsere Gläser aneinanderstießen: »Gehörst du auch zur Verwandtschaft?«
»Nein, nein«, sagte ich. »Ich bin zufällig zu Besuch hier.«
»Und woher kommst du?«
»Ich kenne Angelika«, ich hielt inne, »du kennst sie doch?«
»Klar, das ist meine Cousine.« – »Ich kenne sie aus Ost-Berlin.«
Er wurde noch neugieriger. »Du sagst Ost-Berlin?«
»Ach so, darauf willst du hinaus. Von mir aus auch Berlin, Hauptstadt der DDR.« Die Kleinigkeiten hatten mich wieder einmal verraten. »Ich bin von drüben.«
Der Junge machte kein großes Aufheben um mein Geständ-

nis. Die üblichen Fragen folgten. Mein Nachbar hieß Thomas, kam aus Greifswald und arbeitete als Hilfsarbeiter auf dem Bau. Die Arbeit dort gefalle ihm, sagte er.

»Und warum?« fragte ich nach.

»Da muß ich ein bißchen weiter ausholen, aber nur, wenn es dich wirklich interessiert.«

Ich nickte.

»Ich bin bis zur zehnten Klasse auf der POS« – polytechnische Oberschule, dolmetschte ich in Gedanken – »gewesen, und du kannst dir kaum vorstellen, wie sehr mich der ganze Schulbetrieb angeekelt hat. Die haben mir jeden Spaß am Lernen verleidet.«

»Wodurch?«

»Wenn dir alles, was du sagen und lernen sollst, vorgeschrieben wird, dann hat es keinen Sinn, weiter zur Schule zu gehen.«

»Ich verstehe dich nicht ganz. Durftet ihr denn nur das sagen, was der Lehrer hören wollte?«

»Genau. In der Schule ist das wirklich schlimm.«

»Kann man sich denn nicht dagegen wehren?«

»Du kannst die Lehrer höchstens mit ihren eigenen Waffen schlagen. Ich erinnere mich da an eine Sache, das muß in der neunten Klasse gewesen sein. Der Stabü-Lehrer erzählte, daß die ganzen FDJ-Zeitungen viel zuwenig gelesen würden, und überlegte laut, ob man diese Blätter nicht irgendwie anziehender gestalten könnte, mit mehr Bildern, Fotos und Comics, mit größeren Überschriften und so weiter. In der Stunde davor hatten wir gerade darüber gesprochen, wie Werbung und überhaupt das ganze bunte und vielfältige Leben im Kapitalismus zur Ablenkung der Leute dient. Und dann habe ich mich gemeldet und gesagt – ernst, nicht ironisch –, daß wir unsere Wahrheiten doch nicht verkaufen müßten, daß wir solche Formen von Anbiederung in unseren

Zeitungen ja wohl nicht nötig hätten. Schließlich wäre der Inhalt der Zeitungen doch lesenswert genug. Da hat er nur völlig verwirrt aus der Wäsche geschaut und schnell ein anderes Thema angeschnitten.«

Mehr als ein Schmunzeln konnte ich mir nicht abringen. So mickrig sahen die kleinen Siege der Schüler über ihre Lehrer aus?

»Oder eine andere Sache«, erzählte Thomas schnell weiter, als er merkte, daß ich nicht sonderlich beeindruckt war. »Unser Direktor, den ich überhaupt nicht ausstehen konnte, gab gerade Stabü in einer zehnten Klasse, und ich habe dann die Tür aufgerissen und gerufen ›Hach, ist das aufregend! Hach, ist das aufregend!‹ und direkt wieder die Tür zugeknallt. Es gab einen Tumult in der Klasse, der Mann mußte den Unterricht abbrechen. Stabü ist nämlich etwa so aufregend wie – Schuheputzen.«

Ich nickte, das glaubte ich schon zu wissen. »Und: Hat es keinen Ärger gegeben?«

»Na ja, eines zumindest war danach klar: Studieren durfte ich schon mal nicht mehr. Es gibt nämlich keine Jugendsünden bei uns, dein Alter wird nicht berücksichtigt. Zwei vierzehnjährige Klassenkameradinnen von mir zum Beispiel, die zum Spaß eine große Todesanzeige für eine Freundin in die Zeitung gesetzt hatten, flogen sofort von der Schule. Der Direktor war unheimlich hart; der war erst 65 aus der BRD gekommen und hat sich wegen solcher ›Erfolge‹ sehr schnell hochgearbeitet. Heute sitzt er irgendwo ganz oben.«

»Also du hattest keinen Bock mehr auf Schule und hast dann aufgehört...?«

»Und seitdem arbeite ich in verschiedenen Berufen; ich mache das, worauf ich gerade Lust habe. Und dabei geht es mir sehr gut. Bei der Arbeit gewinnt man ganz andere Einstellungen als in der Schule.«

»Ja, geht das denn überhaupt?« unterbrach ich ihn. »Du kannst doch nicht einfach mal hier, mal da arbeiten. Das solltest du mal bei uns versuchen. Das geht gar nicht, die Masse unserer Arbeitslosen sind gerade die Leute, die nichts gelernt haben und die kein Unternehmer beschäftigen will.«
»Ja«, sagte er überlegen, »das ist eben der kleine Unterschied zwischen uns und euch.«
»Gibt es denn wirklich keine Arbeitslosen bei euch? Ich kann mir das gar nicht vorstellen, bei uns gehören die monatlichen Meldungen aus der Bundesanstalt für Arbeit schon so zum Alltag...«
»Im Prinzip gibt es im ganzen Land zuwenig Arbeitskräfte. Darum dürfen normale Betriebe auch keine Stellenangebote in den Zeitungen veröffentlichen, weil das als Abwerbung gilt. Darum ist auch Kündigung verboten, nur aus politischen Gründen wird sie möglich.«
»Aber ihr als Arbeiter dürft kündigen?«
»Ja, natürlich kann nicht jeder das werden, wozu er Lust hat. Das wird durch die Planwirtschaft verhindert. Und natürlich kommt es auch mal vor, daß Betriebe geschlossen werden, dann arbeiten die Leute eben woanders.«
»Gibt es denn eine freie Berufswahl?«
»Ja, weil du es im Endeffekt immer schaffst, dahin zu kommen, wo du dich am richtigen Platz wähnst. Selbst wenn es Jahre dauert, du kannst deinen persönlichen Anspruch meistens durchsetzen.«
»Und wie?«
»Wir haben ein sehr gutes Bildungssystem. Jeder Betrieb muß für zusätzliche wissenschaftliche und technische Qualifikation, also Weiterbildung seiner Arbeiter, sorgen. Eine nicht abgeschlossene Schulausbildung darfst du nachholen. Der Betrieb muß dich dafür freistellen, zahlen müßte er nicht, aber das ist trotzdem üblich, eben weil der Betrieb gut ausge-

bildete Arbeiter braucht. Und dann lockt er dich mit großzügigen Angeboten für Weiterbildung oder mit Wohnungen.«

»Und man kann jederzeit einen neuen Beruf ergreifen?«

»Ja, und es gibt genügend Leute, die so etwas für sich durchsetzen. Ein oder zwei Studienabschlüsse, im Fernstudium erworben, sind nicht selten. Ich habe ja auch schon auf vielen verschiedenen Arbeitsstellen geschafft, zwar als Hilfsarbeiter, aber das ist ja egal.«

»Ich hätte da noch eine andere Frage«, sagte ich zögernd, weil ich Angst hatte, Thomas zu verletzen. »Bei uns ist Hilfsarbeiter ein wenig angesehener Job. Wie ist es bei euch?«

»In meinem Betrieb ist das jedenfalls nicht so, ich bin in einer Baustoffgroßhandlung beschäftigt. Und im Kollektiv ist es gar nicht so wichtig, welche Funktion und welche Aufgabe der einzelne hat. Hauptsache, man fühlt sich wohl dabei. Wichtig ist, daß man mit Leuten zusammenarbeitet, mit denen man sich gut versteht. Wenn ich die Wahl hätte, höherer Lohn, dafür aber in ein Kollektiv, in dem ich mich absolut nicht wohl fühlen würde, dann bliebe ich lieber da, wo ich bin.«

»Und in einem Kollektiv sind alle untereinander gleichberechtigt?«

»Natürlich gibt es Abteilungsleiter, die nennen sich Brigadiere, die verschaffen der Truppe gute Arbeitsbedingungen und guten Verdienst. Aber sonst sind wir untereinander alle auf du, und wir wissen, daß ohne uns Arbeiter in diesem Staat nichts läuft. Du entwickelst eine ganz neue Art von Selbstbewußtsein, anders als in der Schule. Ohne unsere Zustimmung läuft nichts, was uns irgendwie betrifft. Wir besprechen Arbeitsverteilung, Planaufschlüsselung, Lohnerhöhungen, Prämien, Urlaubslisten und so weiter vorher untereinander.«

»Was hat es eigentlich mit diesen ominösen Wettbewerben auf sich?«

»Das ist eine Einrichtung, die den kapitalistischen Leistungs-

druck und das Konkurrenzdenken durch ein faires Verfahren ersetzen soll«, erläuterte Thomas.
Er war sich seiner Sache sehr sicher. »So ein Wettbewerb wird jedes Jahr neu ausgeschrieben, und alle Brigaden bewerben sich landesweit um den Titel ›Kollektiv der sozialistischen Arbeit‹, das Motto lautet ›Gemeinsam sozialistisch arbeiten, lernen und leben‹.
Diese Losung klingt bombastischer als sie ist«, fuhr Thomas einschränkend fort. »Denn jedes Kollektiv kann sich etwas Eigenes einfallen lassen; Wettbewerb muß nicht immer freiwillige Produktivitätssteigerung heißen. Da gibt es auf der einen Seite Brigaden, die knobeln und tüfteln neue Maschinen oder effektivere Arbeitsabläufe aus, auf der anderen Seite natürlich auch welche, die lieber bummeln und auch mal während der Arbeitszeit einen heben gehen. Das ist dann deren Form von ›sozialistischem Wettbewerb‹.«
»Und wie lebt man im Kollektiv, so richtig sozialistisch?«
»Genau das ist ja das Gute, und das unterscheidet die Arbeit im Betrieb auch von der Schule. Da sitzt nämlich jeder mit Argusaugen neben seinem Klassenkameraden und läßt ihn zum Beispiel nicht abschreiben. In unserem Kollektiv dagegen kennt jeder jeden genau, das muß so ähnlich sein wie früher in den Handwerksbetrieben. Wir nehmen uns Zeit für einander. Konkurrenzdenken ist tabu, gegenseitige Hilfe üblich.«
»Also seid ihr sozusagen Arbeitsfreunde, nicht nur Kollegen«, meinte ich.
Er erzählte weiter: »Genau! Zum Beispiel weiß jeder vom anderem, ob er gestern vor dem Fernseher oder in der Kneipe gesessen hat. Du kennst die Liebesgeschichten, die Ansichten, die familiären und finanziellen Sorgen deines Kollegen. Wir besprechen ungeniert bevorstehende Krankmeldungen, die nötig werden, weil die Arbeit im Garten der Dat-

scha drängt. Oder irgendein Kollege besorgt morgens während der Arbeitszeit für alle gemeinsam die Einkäufe.«
»Warum geht ihr denn nicht nach der Arbeit einkaufen?«
»Das ist doch klar«, lachte er, »weil nur morgens die Regale in den Geschäften voll sind. Also muß morgens einer raus. Man ist eben angewiesen aufeinander und hat darum keine Geheimnisse voreinander. Sogar Materialdiebstähle oder private Arbeiten im Betrieb, was ab und zu vorkommt, werden nicht verurteilt, weil alle es machen.«
»Ihr bildet also so eine Art Notgemeinschaft?« fragte ich und ärgerte mich über meine vorlaute Zunge.
»Das ist ziemlich böswillig formuliert«, reagierte Thomas nüchtern. »Aber es trifft schon den Kern der Sache. Gemeinsam hast du keine Angst mehr vor denen da oben, untereinander gibt es dieses Obrigkeitsdenken, das sonst überall herrscht, nicht mehr. Man weiß eben genau, daß sich gegen den einzelnen alles durchsetzen läßt, gegen das Kollektiv aber so gut wie nichts.«
»Macht ihr abends etwas zusammen?«
»Na klar, als Arbeiter weiß man zu feiern. Und darunter darfst du dir nicht nur ein Glas Bier in der Eckkneipe vorstellen. Wir haben fast jede Woche ein Fest, oft im Betrieb, ebensooft in einer Wohnung privat. Wenn kein Anlaß da ist, suchen wir einen.«
»Gehst du gern zur Arbeit?«
»Das kommt darauf an, was du unter Arbeit verstehst«, sagte Thomas fröhlich. »Produktion als solche macht für mich nur einen Bruchteil von Arbeit aus. Ich gehe morgens nicht unbedingt gern zum Betrieb, schließlich muß ich jeden Tag um halb sechs raus. Aber dennoch bin ich gern mit meinen Kollegen zusammen.«
»Und wie sieht eure Arbeit aus? Ich meine, mit wieviel Ernst seid ihr bei der Sache?«

»Na ja, ich schätze, unsere Arbeitsauffassung wird jemanden, der aus dem Kapitalismus kommt, schockieren. Wir haben da eine ganz eigene Mentalität entwickelt. Nicht ›Zeit ist Geld‹, sondern eher das russische ›wsjo budjet‹, auf gut deutsch: Es wird schon werden. Diese Einstellung hat ihre Ursachen im Plan. Wenn du zu schnell arbeitest, ist das Material zu schnell verbraucht, gerade auf dem Bau. Du hast schnell raus, daß es sinnlos ist, dich bei der Arbeit zu überschlagen. Und wenn du vorzeitig fertig bist, darfst du trotzdem nicht eher gehen. Es hat sich folgerichtig eingebürgert, die Arbeit erst einmal zu horten. Wenn diese angehäufte Arbeit trotzdem termingerecht bewältigt wird, beweist das, wie tüchtig du bist, Prämien winken. Oder du machst Sonderschichten, auch dafür gibt's Extrageld. Oder du forderst zusätzliche Arbeitskräfte an ...«

»Aber das ist ja der pure Bummelstreik!« Meine Güte, dieses Land war wirklich sehr merkwürdig, dachte ich erstaunt. So eine Einstellung bei uns, und wir säßen prompt alle auf der Straße!

»Stimmt, aber warum sollen wir uns abhetzen und kaputtrakkern? Die Zeiten, in denen man sich über solche Zustände aufgeregt hat, sind längst vorbei. Heute ist doch den meisten klar, daß bei harter Arbeit für einen selbst nicht mehr herausspringt. Sicher gibt es auch Situationen, wo man mal zupakken muß, sich selbst beweisen kann, daß es eigentlich doch geht, bei Planrückständen oder zum Subbotnik.«

»Was ist das?«

»Das kommt aus dem Russischen, bedeutet einen zusätzlichen Arbeitstag am Wochenende. Solche Momente sind phantastisch, denn Krisen sind die heimliche Liebe des DDR-Bürgers. Da kannst du die Fähigkeiten zeigen, die sonst nur verdeckt zum Einsatz kommen.«

»Mir scheint, Zeit hat für euch wirklich eine ganz andere Bedeutung. Ich kann nur noch staunen.«

»Genau, Zeit braucht der Mensch. Und von der Arbeitszeit nimmst du dir eben, soviel du kriegen kannst.«

Diese Arbeiter, dachte ich, waren unheimlich selbstbewußt, sie hatten ja die Produktion in der Hand. Aber zugleich taten sie nichts, ihre eigene Situation zu verbessern. Oder doch? Sie machten doch aus ihrer Arbeit das Beste! Sie hatten eingesehen, daß dieses ganze planwirtschaftliche System chaotisch war, und hatten sich darin eingerichtet, hatten aus ihrer Arbeit einen möglichst angenehmen Lebensbereich gemacht.

Sie waren nicht faul und desinteressiert, wie es mir zuerst erschien, sondern nutzten die Vorzüge dieser Produktionsweise. Sie sahen in der Arbeit nicht eine lästige Gelderwerbsquelle, sondern hatten es geschafft, Leben und Arbeiten miteinander zu verbinden. Wenn nur die Tendenz in dem, was Thomas mir erzählt hatte, stimmte, dann war dies eine Einstellung von Arbeit und Leben überhaupt, die mir spontan gefiel.

Wir redeten noch eine ganze Weile, und ich merkte, wie gut es war, so locker und aufnahmebereit mit dem anderen umzugehen. Natürlich, wir hatten nach dem Essen viel Wein getrunken, das entkrampfte. Angelika warf von der anderen Tischseite ab und zu neugierige Blicke herüber und lächelte mir zu; ich fühlte mich sehr wohl. Dieser Aufenthalt hier war ein ganz besonderes Erlebnis, und mir drängte sich der Gedanke auf, wie schön es gewesen wäre, jemanden zu haben, mit dem ich dieses Gefühl hätte teilen können. Aber Köln war weit weg.

Es war bereits zwei Uhr nachmittags, als die Versammlung endlich aufbrach und die engeren Verwandten sich noch auf den Weg zum Haus von Angelikas Eltern machten. Thomas verabschiedete sich; er fuhr mit seinen Eltern nach Greifswald zurück. Wir umarmten uns wie langjährige Freunde. Ich versprach, ihm zu schreiben und ihn irgendwann einmal zu besuchen. Angelika versuchte mich zu überreden, noch mitzukommen, doch ich war absolut nicht mehr in der Stimmung danach.

Ich lief zurück in Ralfs Wohnung und war froh, daß er nicht da war, daß ich von niemandem in anstrengende Gespräche verwickelt werden konnte. Ich legte mich ins Bett und war noch lange Zeit wach, im Bewußtsein, viel erlebt und noch zuwenig verstanden zu haben. So klar wie nie zuvor kam mir in den Kopf, daß mein Versuch, mich auf die DDR einzulassen, mich total aus dem Gleichgewicht warf. Soviel widersprüchliche Stimmen, soviel kurzfristige Einblicke hatten wohl nur wenige Besucher. Einen Moment lang aalte ich mich in dem merkwürdigen Stolz, daß man mich für voll nahm, daß ich mich bis jetzt hatte behaupten können. Ich hoffte, daß meine Vorurteile, die ja nicht ganz auszuschalten waren, mich nicht nur die negativen Gesichtspunkte sehen ließen, daß ich auch die guten Seiten der DDR zu würdigen wußte.

Nachdem ich fast drei Stunden geschlafen hatte, stand ich auf und nahm erst mal ein Bad. Kaum war ich aus der Wanne gestiegen, hörte ich die Haustür ins Schloß fallen. Ralf tauchte in der Badezimmertür auf und hob lässig seine Hand.

»Na, Bundi«, grinste er, »hast du dich fit gemacht?«

Ich hatte gute Laune, merkte, daß Ralf eine Menge getrunken haben mußte, und reagierte locker: »Na klar, muß ja auch mal sein.«

Ich zog mich an, Ralf stand in der Küche und mixte eine Tomatensauce für Spaghettis. Ich setzte mich dazu, schwieg eine Weile, während er eine Zutat nach der anderen in den Topf kippte.

»Was ist los mit dir, Ralf? Irgendwelchen Ärger?«

»Nein«, kam es zurück. »Kein Ärger.«

Ich hatte den Eindruck, er warte auf eine weitere Frage, wolle Interesse für sich spüren.

»Vielleicht doch?« Ich zögerte einen Moment. »Wegen deiner Freundin?«

»Vielleicht ist es das«, sagte er leichthin. »Eher so eine allgemeine Perspektivlosigkeit, wenn du das verstehst?«

»Nein«, sagte ich. Er sollte es schon selber formulieren.

»Ich weiß nicht, wie ich es ausdrücken soll«, fing er an. »Eigentlich ist es nicht meine Art, so zu denken. Aber im Moment fühle ich mich danach.«

»Du fühlst dich mies und willst es gar nicht?« versuchte ich ihm nun doch auf die Sprünge zu helfen.

»Genau. Es liegt an Sabine, an meinem Alleinsein, an meinem Job, am System. Wenn du trinkst, fühlst du dich wieder gut, hast wieder Sachen im Griff, die dir eigentlich längst entglitten sind, aber das merkst du erst, wenn du langsam wieder nüchtern wirst.«

»Ihr trinkt hier ziemlich viel, was? Ich merke das an mir. Obwohl ich bei meinen Freunden in Köln gut mithalten kann, säuft mich hier jeder von euch unter den Tisch.«

»Klar, ich brauche das ziemlich häufig, um mich vom Alltag abzulenken, aber teilweise ist es einfach schon Gewohnheit.«

»Aber woran liegt das?«

»Ja, woran nur?« fragte er, »irgendwann muß jeder Jugendliche hier begreifen, daß er seine Vorstellungen vom Leben nur beschränkt verwirklichen kann. Du kommst nicht daran vorbei, dir eine innere Grenze zu setzen. Diese Grenze, die bleibt dir immer bewußt, du weißt, daß du dir eine Menge Illusionen weggeschnitten hast. Wenn du trinkst, hast du das Gefühl von Freiheit. Dazu kommt, daß dir kleine Schritte, die du unter Mühe erreichst, nicht mehr genügen, nicht mehr wichtig erscheinen, ja sogar: daß du sie gar nicht mehr bemerkst.«

»Wie meinst du das?« Irgendwie kam mir dieses Argument bekannt vor.

»Stell dir vor, du wirst auf den Sozialismus fixiert, solange du denken kannst, und irgendwann vergleichst du die Theorie mit der Wirklichkeit. Und plötzlich merkst du, wie wenig beides miteinander zu tun hat. Dann willst du alles auf einmal für dich, und merkst ganz schnell, daß das nicht geht. Und was tust du? Du gibst auf! Ja, die meisten versuchen es erst gar nicht.«

»Und was machst du?« Eine ziemlich respektlose Frage.

»Ich habe noch nicht aufgegeben, ich habe immer gekämpft, mit geringem Erfolg zwar, aber das ist egal. Nur gibt es eben Phasen, wo du es nicht mehr packst, wo du glaubst, vor dem Nichts zu stehen, Momente, wo du dir sinnlos vorkommst. Jetzt ist einer dieser Momente da, und darum solltest du mich jetzt nicht zu ernst nehmen. Wenn ich erst mal was gegessen habe, geht es mir besser.«

»Wie meinst du das überhaupt, mit den ›großen Zielen und kleinen Schritten‹?« fragte ich trotzdem.

»Nur, wer in der DDR etwas ändern will, eine Veränderung, die das Ziel ›demokratischer Sozialismus‹ in größere Nähe rücken läßt, der braucht Mut und viel Optimismus; wer an diesem verkrusteten und zubetonierten System etwas ändern will, der braucht eine grundsätzlich positive Lebenseinstellung. Du mußt dir von Anfang an klarmachen, was politisch machbar ist, du darfst deine kleinen Erfolge nicht ständig mit dem großen Ziel vergleichen – sonst geht man zu schnell kaputt.«

»Mag sein«, sagte ich nachdenklich. »Aber wenn man merkt, daß es nicht vorwärts geht?«

»Es geht vorwärts. Das sehe ich doch an euch, ihr organisiert euch doch auch, kämpft für eure Ziele, habt auch nur kleine Erfolge – aber: Erfolge!«

Wir unterhielten uns bis zum späten Abend; Ralf erzählte von Konzerten und Liederabenden, von Diskussionen und Aktionen in Studentenkellern; Aktionen, die er mitorganisiert hatte

und die nicht so steril und langweilg waren, wie es sich staatliche Organe wünschten. Er erzählte von der Begeisterung, die diese freieren Veranstaltungen ausgelöst hatten, von dem zunehmenden Druck durch die Stasi, bis der Studentenkeller geschlossen wurde, von persönlichen Enttäuschungen und Glücksmomenten, von überraschenden und provokativen Argumenten und Wortmeldungen in politischen Auseinandersetzungen. Er wollte gar nicht mehr aufhören, rechtfertigte sich für Dinge, die ich nie in Frage gestellt hätte, deren tatsächliche Bedeutung ich auch gar nicht einschätzen konnte.
Ich bewunderte ihn für seinen Einsatz über Jahre hinweg, für seine Kraft, Enttäuschungen zu überwinden, dachte oft: diese Energie, dieser Willen, auch seine Fähigkeit zur Freude, davon hast du nie etwas gekannt. Der Reiz unserer Unterhaltung lag in Ralfs ungeahnter Begeisterungsfähigkeit, in seiner Freude über Kleinigkeiten, die mir völlig unwichtig erschienen.
Zwischendurch überlegte ich, wie Ralf trotz der festgefahrenen Situation in der DDR noch so kämpfen konnte. Mir fiel plötzlich ein, daß ich bei uns zu Hause zu denjenigen Leuten gehörte, die sich mal zynisch, mal erregt zu den politischen Vorgängen in unserem Land äußerten, aber nie etwas gegen die Mißstände taten. Nie hatte ich den Versuch unternommen, von meiner Betroffenheit aus zu handeln. Dabei gehörte es bestimmt zu den Vorteilen unseres Systems, daß es genügend Möglichkeiten gab, Probleme anzupacken, sei es nun bei den Grünen, in der Friedensbewegung, bei Dritte-Welt-Gruppen oder »amnesty international«. Ich erinnerte mich an Lutz' Erstaunen über unsere Organisationen, die Kriegsdienstverweigerern halfen. Warum lebte ich so stumpf und teilnahmslos, während die Menschen, die ich hier kennengelernt hatte, noch Hoffnungen hatten. *Sie* wußten, wofür sie kämpften.
Bei uns erschwerte die Möglichkeit, handeln zu dürfen, über-

haupt in Opposition zu stehen, solange man nicht Extremist war, natürlich ein klares Feindbild, das zusätzlich antreiben konnte. Bei uns gab es genügend Mechanismen, entstehende Opposition in die Gesellschaft zu integrieren und sie durch geringfügige Zugeständnisse zu besänftigen, während hier in der DDR die Menschen durch massiven Druck des Staates unter Kontrolle gehalten werden mußten. Insofern waren unsere Methoden raffinierter, den bestehenden Zustand zu erhalten. Aber auf der anderen Seite ermöglichte unsere Form von »Freiheit« dennoch mehr Änderungen. Ich hatte diesen Systemvorteil bisher nicht zu schätzen gewußt. Die Schritte, die bei uns möglich waren, waren Meilenschritte im Vergleich zu denen, die Ralf sich erträumte. Trotzdem konnte ich von Ralf lernen, daß man erst an die Möglichkeit der Veränderung glauben mußte, um dann zu handeln.

4

Ich wachte auf, und im selben Moment fiel mir ein, welche »Mutprobe« ich heute zu bestehen hatte. An diesem Montag würde ich in einer Klasse einer DDR-Schule sitzen. Beim Frühstück war ich so nervös, daß ich kaum etwas runterbringen konnte; der Kaffee steigerte meine Unruhe. Mich beschäftigte der Gedanke, was passiert, wenn sie mich erwischen. Ich sah im Kühlschrank nach, fand eine Flasche Korn und nahm einen tiefen Schluck. Wenn Ralf hiergewesen wäre, hätte ich ihm von meiner Angst erzählen können. Doch er war schon seit halb sechs auf der Arbeit, und so mußte ich alleine mit mir fertig werden.

Die feuchten Hände in den Hosentaschen vergraben lief ich durch Halle. Ich sah auf die Uhr – es war noch zu früh; ich

machte noch einen großen Bogen um die Schule und besichtigte ein paar Auslagen in den Schaufenstern der Geschäfte, ohne viel wahrzunehmen. Endlich war es soweit. Ich lief, immer ängstlicher, auf die Schule zu, wurde beim Überqueren einer roten Fußgängerampel von einigen jüngeren Schülern zurechtgewiesen und stand vor dem Eingang der Schule. »Julius-Schaxel-Schule« war in groben Lettern über dem Eingang in Stein gehauen. Im Foyer hasteten Schüler an mir vorbei in ihre Klassen. Nur Angelika war nirgends zu sehen. Ich betrachtete unsicher und neugierig zugleich eine Wandzeitung, auf der einige Schüler der oberen Klassen ausführlich erklärten, warum sie nach dem Abitur als Offiziere zur Nationalen Volksarmee wollten. Dienst am sozialistischen Vaterland, Bedrohung des Sozialismus durch die imperialistische Hochrüstung, der Frieden muß bewaffnet sein – diese Schlagworte hätten mich normalerweise bis zur Weißglut erregt, schließlich war das die pure Verherrlichung des Militärs, aber ich war überhaupt nicht bei der Sache.
Als mir plötzlich jemand auf die Schulter tippte, fuhr mir der Schreck in alle Glieder. Zum Glück war es »nur« Angelika, die mich schnell die Treppe hinauflotste, im Nu stand ich vor dem Klassenzimmer. Angelika erwähnte schnell, daß sie dem Lehrer von mir erzählt hatte, ich würde in Berlin eine Lehre als Tischler machen und ein Cousin von ihr sein. Ich hatte kaum Zeit, mir diese Details noch einmal einzuprägen, da stand der Lehrer schon vor mir.
Er mußte etwa fünfzig Jahre alt sein, trug unter seiner Anzugjacke ein offenes Hemd, hatte neugierige Augen und einen leichten Glatzenansatz. Ich schüttelte seine Hand, er griff fest zu und sah mir in die Augen. »Sie kommen aus Berlin?«
Ich nickte stumm. Schlagartig fiel mir ein, daß ich ja den Berliner Dialekt überhaupt nicht beherrschte. So wenig wie möglich sagen, dachte ich.

»Seine Eltern wohnen in Rostock«, erklärte Angelika schnell, der meine Überlegungen wohl auch gekommen waren.
»Und warum wollen Sie beim Unterricht dabeisein?«
Offensichtlich war der Mann neugierig, weil ein Unterrichtsbesuch eine ziemlich ungewöhnliche Angelegenheit war. Oder war er mißtrauisch?
»Na ja«, nuschelte ich undeutlich, »bin schon lange nicht mehr zur Schule gegangen und bin wieder neugierig drauf geworden.«
»Verändert hat sich nicht viel«, lachte der Lehrer. »Na, dann kommen Sie.«
Als wir den Klassenraum betraten, passierte etwas Merkwürdiges, das mich zusammenfahren ließ, weil ich überhaupt nicht darauf vorbereitet war. Die Schüler standen alle auf, und in der ersten Reihe rief eine Schülerin laut: »Achtung! Klasse IIb ist zum Unterricht bereit!«
Der Lehrer reagierte lässig, hob den rechten Arm und antwortete: »Freundschaft!«
Zwanzig Stimmen riefen: »Freundschaft!«
Ich war entsetzt und verwirrt, stand da und wußte nicht, was ich tun sollte, wie ich mich verhalten mußte. Der Lehrer warf seine Tasche auf das Pult und sagte knapp: »Setzen!« Ich blieb unsicher stehen.
»Das ist Martin aus Berlin, ein Cousin von Angelika. Er wird heute dem Unterricht beiwohnen.«
Er nickte mir freundlich zu. Ich ging zu Angelika rüber und setzte mich auf den freien Stuhl neben sie.
»Geht das immer so zu bei euch?« fragte ich flüsternd, um meine erste Verwirrung zu überwinden.
»Was meinst du?« Sie sah mich verständnislos an.
»Na, dieses militärische Getue!«
»Das kenne ich gar nicht anders«, gab sie zurück, während der Lehrer einen scharfen Blick zu uns herüberwarf.

Wir schwiegen jetzt wohl besser. Ich beobachtete meine neuen »Mitschüler«. Sie alle saßen sehr ruhig und diszipliniert auf ihren Stühlen, die Tische waren ordentlich ausgerichtet, Hefte und Bücher aufgeschlagen auf den Pulten, die Mappen alle unter den Bänken. Ich vermißte Unordnung, schwätzende Schüler, die albern auf eine Zurechtweisung warteten, Müll unter den Bänken, Inschriften auf den Pulten. Hier war alles ordentlich, still und sauber. So müßte es nach Meinung vieler Eltern wohl auch an unseren Schulen aussehen.
Ich fühlte mich unwohl, weil ich fürchtete, der Lehrer würde mich in den Unterricht einbeziehen. Das tat er zum Glück nicht; statt dessen fragte er nach den Hausaufgaben. Die Schüler mußten in einem kurzen Aufsatz erläutern, daß sozialistische Kunst weder schönfärberisch noch engstirnig bei ihrem Einsatz für den Sozialismus sei. Drei Schüler mußten ihren Text vorlesen, der Lehrer zückte dabei sein Notizbuch und schrieb Noten auf.
Alle machten einen verschüchterten Eindruck und kommentierten auf gezielte Fragen des Lehrers hin die Arbeiten ihrer Mitschüler, die aus Werken von sowjetischen und deutschen Schriftstellern bestimmte Aspekte zur Fragestellung gebracht hatten. Dabei war auffällig, daß keiner der Schüler dem Lehrer widersprach, sondern alle seine These durch Beispiele zu untermauern versuchten. So also lief das Spiel: Der Lehrer legte seinen Schülern die Antworten förmlich in den Mund und nickte beifällig, wenn seine eigene Meinung, falls es eine solche war, bestätigt wurde. Würde ich an Angelikas Stelle dieses tagtägliche Spiel auch mitmachen? Wahrscheinlich würde mir gar nichts anderes übrigbleiben. Trotzdem – dieses Nachbeten der Lehrermeinung mußte doch Magengeschwüre verursachen. Meinten diese Schüler wirklich das, was sie sagten? Oder merkten sie nicht mehr, was hier vorging? Und der Lehrer: Hatte Angelika mir nicht gesagt, er wäre nicht

hundertprozentig auf Linie? Anmerken tat man es ihm jedenfalls nicht.

Er faßte die Argumente, die seine Schüler für ihn gesammelt hatten, noch einmal zusammen und schloß damit das Thema ab. »Noch irgendwelche Fragen?«

Natürlich nicht, alle warteten stumm auf den Fortgang der Stunde. Jetzt sollten die zwei Schülerinnen, die bei der »Julius-Schaxel-Festwoche« Gedichte aufsagen würden, die ausgesuchten Werke vortragen. Ein Mädchen stand auf, stellte sich vor die Klasse, halb zum Lehrer gewandt, der noch ein paar Positionsanweisungen gab, endlich durfte sie loslegen.

Ihr Gedicht war eine nicht enden wollende Lobeshymne auf das sowjetische Volk und die Armee, die ruhmreich den Sozialismus gegen den Imperialismus verteidigt hatte und verteidigen würde. Angelika sah mich an und zuckte gequält die Achseln. Der Lehrer gab dem Mädchen noch ein paar Tips zur Aussprache und Betonung verschiedener Stellen, danach war Angelika dran.

Sie zitierte zwei »unpolitische« Gedichte, je eines von Wladimir Majakowski und Heinz Kahlau. Sie waren beide sehr schön und ansprechend; es gefiel mir, Angelikas warme Stimme dem Rhythmus der Verse folgen zu hören. Während bei dem Mädchen vorher alle Schüler eher peinlich berührt vor sich hingestarrt hatten, gab es jetzt Beifall. Der Lehrer blickte mißbilligend die Klasse an und hob abwehrend die Hand.

»Das war für den Anfang nicht schlecht«, kommentierte er nüchtern.

Auch Angelika erhielt ein paar Anregungen, da klingelte es schon. Doch während bei uns dieses Signal die Stunde beendet, blieben hier alle Schüler artig sitzen, bis der Lehrer formell die Stunde schloß. Erst danach entstand Unruhe, die Bücher und Hefte wurden in die Mappen geworfen, und mit

einem Schlag war aus der Klasse wieder ein Bienenschwarm geworden. Angelika stellte mir ihre Freundin Elisabeth vor, die alle nur Elli riefen. Sie war »eingeweiht«, nickte mir anerkennend zu: »Ganz schön mutig von dir!«
Ich lachte, und jetzt war die Spannung vorüber. Ich konnte erleichtert aufatmen und stolz sein. Als wir den Klassenraum verließen, fiel mir eine große Tabelle ins Auge. Die Namen der Schüler mit den Noten in den einzelnen Fächern und die Höhe der Soli-Spenden waren dort festgehalten.
»Auch die Klassen stehen untereinander im Wettbewerb«, erklärte Elli auf meine neugierige Frage.
»Aha. Und wie findest du das?«
»Beschissen«, sagte sie trocken. »Alles wird zensiert, alles wird benotet. Und das Dumme ist, du brauchst gute Noten, sehr gute Noten, um später direkt den Beruf zu kriegen, den du haben willst.«
»Wer war eigentlich das Mädchen, das dieses fürchterliche Gedicht vorgetragen hat?«
»Das war unsere FDJ-Sekretärin«, antwortete Elli. »Die Klassenbeste.«
»FDJ-Sekretärin? Ist das eine Art Klassensprecherin?«
»Ich glaube schon.«
Angelika kam mit ihrem Mantel aus dem Garderobenraum wieder. »Weißt du«, erklärte sie mir, »ich habe eigentlich kaum echte Freunde unter meinen Klassenkameraden. Es klingt arrogant, ich weiß, aber sie kommen mir alle so jung vor. Ich bin viel lieber mit Älteren zusammen.«
Ich nickte.
Ich hatte mich schon gewundert, daß nach der Stunde keiner mit Angelika gesprochen hatte.
Wir gingen in den Keller der Schule, Angelika drückte mir eine Essensmarke für die Schulspeisung in die Hand, und wir holten uns an der Ausgabe ein Mittagessen. Das Gericht war

zwar nicht sonderlich gut, typischer Kantinenfraß, aber ich hatte Hunger.

»Erzählt bitte ein bißchen mehr von der Schule«, bat ich die beiden Mädchen. Wir hatten uns etwas abseits von den anderen Schülern an einen leeren Tisch gesetzt.

»Was willst du denn hören?«

»Das weiß ich ja eben nicht genau. Woher soll ich wissen, worauf es ankommt?« Ich überlegte einen Moment. »Bei uns ist der Unterricht zum Beispiel viel lockerer. Wie sieht es bei euch mit den Noten aus?«

»Wir haben fünf verschiedene ...«

»Wir sechs«, unterbrach ich sie.

»Bei uns gibt es ›sehr gut‹, ›gut‹, ›befriedigend‹, ›genügend‹, ›ungenügend‹.«

»Bei uns gibt es noch ›ausreichend‹«, sagte ich. »Und jetzt erzählt mal etwas über die Unterrichtsfächer!« Meine Güte, so schwierig dürfte es doch nicht sein, Vergleiche anzustellen.

»Also«, fing Elli an, »wir haben Deutsch und Literatur, das hast du ja gerade miterlebt. Wir lesen sehr viel Romane und Prosastücke, vor allem russische und deutsche Erzähler, viel antifaschistische Literatur. Dann Russisch. Das ist eines der Fächer, die ich überhaupt nicht mag, weil wir überhaupt keine Umgangssprache lernen, sondern nur Parteitagsreden, Texte zur Oktoberrevolution und so ein Zeug übersetzen und besprechen. Ich schätze, mit einem russischen Soldaten könnte ich mich heute nach sieben Jahren Russisch noch nicht einmal über das Wetter unterhalten. Diese Sprache lernt eigentlich keiner gern.«

»Und was ist mit Englisch?«

»Können wir fakultativ machen; tun auch die meisten«, sagte Angelika. »Mit dieser Sprache können wir uns wenigstens im Ausland, in Ungarn oder Rumänien, mit Amerikanern und Engländern unterhalten oder West-Songs übersetzen.«

»Aber ist es nicht deprimierend, eine Sprache zu lernen, die in einem Land gesprochen wird, das man nie wird besuchen können?«

Ich wußte, es war eine harte Frage, aber ich wußte ebenso, daß Angelika und Elli sie nicht in den falschen Hals bekommen würden.

»Klar ist das deprimierend«, antwortete Elli.

Ich versuchte, ein verständnisvolleres Gesicht zu machen.

»Aber wir lernen Englisch zehnmal lieber als das verfluchte Russisch«, ergänzte Angelika.

Wir aßen eine Weile schweigend weiter, jeder in seine Gedanken vertieft.

»Und was habt ihr sonst noch für Fächer?« nahm ich nach dem Essen den Faden wieder auf.

»Wir haben noch Mathe und Physik, das sind Fächer, die ich eigentlich sehr gerne mag, weil man da so schlecht politisieren kann. Aber ganz können sie es doch nicht lassen«, erklärte Elli. »Besonders auf der POS sind viele Rechenaufgaben mit militärischem Inhalt in den Büchern.«

»Zum Beispiel?«

»Ich erinnere mich an eine Aufgabe, wo wir über irgendwelche geometrische Verhältnisse den Abstand und die Entfernung von zwei feindlichen MG-Nestern ausrechnen mußten. Ich fand damals nichts dabei, im Gegenteil, es hat Spaß gemacht. Heute bin ich entsetzt darüber, wirklich.«

Angelika ging nicht weiter auf Ellis Bemerkung ein, sondern erzählte weiter: »Dann haben wir noch Astronomie, Chemie und Biologie, Geographie, Geschichte und«, sie überlegte einen Moment, »Zeichnen, Musik und Sport.«

Das Arbeitspensum der Schüler in der DDR mußte ganz schön hoch sein bei diesen vielen Fächern. Da hatten wir es mit unserem reformierten Kurssystem doch ein ganzes Stück leichter, dachte ich.

»Du hast noch zwei ganz wichtige Fächer vergessen«, fiel Elli ein. »Nämlich Stabü und ESP.«

»Stabü ist Staatsbürgerkunde«, erklärte Angelika, »da sprechen wir über die marxistische Philosophie und diskutieren ›konstruktiv‹ über aktuelle politische Ereignisse. Konstruktiv heißt, wenn der Lehrer nicht mehr weiter weiß, nennt er die Diskussion ›destruktiv‹ und beendet sie! Aktuelle Ereignisse sind zum Beispiel Parteitagsbeschlüsse oder Friedensinitiativen der SU. Die heißesten Diskussionen gibt es um den Wehrdienst, um die Abgrenzung zwischen BRD und DDR, um friedliche Koexistenz. Dann kommt zum Beispiel: Mein Onkel und meine Tante waren zu Besuch. Sollen die jetzt nicht mehr kommen dürfen? Und dann wird uns erzählt, daß es eben nicht um Onkel, Tante oder Oma geht, sondern daß in der BRD ein kapitalistisches System herrscht und in der DDR eben ein sozialistisches. Und daß es zwischen beiden Gesellschaftssystemen keine Annäherung geben kann.«

»Die machen manchmal Verrenkungen, um irgendwelche peinlichen Vorgänge mit dem Marxismus zu rechtfertigen! Meistens seid ›ihr‹ an allem schuld. Außerdem gibt es da noch ein ›Politinfo‹, das mußte ich vor ein paar Monaten mal machen, weil ich zum Agitator gewählt worden war«, sagte Elli.

»Agitator?«

»Ja, ich war zuständig für Agitation und Propaganda, du bist dann auch Mitglied der FDJ-Leitung deiner Klasse. Ich hatte die Aufgabe, die Schüler politisch zu informieren, und darum mußte ich in den Ferien extra an einem zweitägigen Lehrgang teilnehmen, der von der Schule aus für alle politischen Funktionäre organisiert wurde. Dort bekam ich Unterricht, dort hat man mir auch nahegelegt, was ich vor der Klasse sagen sollte.«

»Und über was solltest du erzählen?«

»Ich mußte die Klasse über Honeckers letzte Rede informieren. Allerdings, wie gesagt, in diesen Vorgesprächen wurde immer erstmal beredet, in welchem Licht ich die Rede darstellen sollte. Der Höhepunkt war dann, als ich aufgefordert wurde: ›Und legen Sie der Klasse Ihre eigene Meinung dar. Arbeiten Sie sich die Rede durch. Ich gebe Ihnen noch ein paar Sätze, die diktiere ich Ihnen. Die brauchen Sie nur noch vor der Klasse vorzulesen und ›ich‹ in die Lücken einzusetzen.‹ Das läuft alles auf einer ähnlichen Ebene ab. Was willst du da anderes machen als mitmachen?«

»Solche Dinge gibt es bei uns überhaupt nicht«, sagte ich gequält.

»Aber ihr müßt doch auch so etwas wie politischen Unterricht haben?«

»Haben wir ja auch, jedenfalls in den unteren Klassen. Da lernen wir natürlich die guten Seiten unseres Systems kennen, aber die schlechten kommen auch nicht zu kurz. Ich bilde mir jedenfalls ein, daß wir dort frei diskutieren können. Im Vergleich zu dem, was du mir gerade erzählt hast, können wir tatsächlich frei reden. Uns schreibt keiner Sätze auf, die wir nachbeten müssen.«

Wieder schwiegen wir eine Zeitlang.

»Und was hat es mit dieser anderen Abkürzung auf sich?« fing ich erneut an.

»Du meinst ESP? Das heißt ›Einführung in die sozialistische Produktion‹; während der Schulzeit müssen wir alle vierzehn Tage für einen Tag in einem Betrieb arbeiten, entweder richtig in der Produktion an der Bohrmaschine oder so oder in der Verwaltung an der Schreibmaschine. Wir sollen erleben, wie sozialistische Demokratie am Arbeitsplatz verwirklicht wird, du lernst den sozialistischen Wettbewerb kennen nach dem – wie heißt es so schön – ›Vorbild der Werktätigen‹ unter der Losung ›aus jeder Mark, aus jeder Stunde Arbeitszeit, jedem Gramm Material einen höheren Nutzeffekt‹, damit dir die Sache mehr Spaß macht«, sagte Elli.

»Zusätzlich gibt es noch wissenschaftlich-praktische Arbeit, abgekürzt WPA«, ergänzte Angelika. »Dieses Fach findet auch in einem Betrieb statt. Einzelne Gruppen von fünf bis sechs Schülern werden auf verschiedene Abteilungen im Werk verteilt. Da gibt es ziemlich viel zur Auswahl, von der EDV über Gerätebau bis hin zu pharmakologischen Sachen und irgendwelchen biologischen Experimentierreihen, jedenfalls meiner Erfahrung nach. Jede Gruppe bekommt einen Forschungsauftrag und muß innerhalb eines Jahres ein Ergebnis vorlegen. Ich war letztes Jahr in einem Chemiekombinat und mußte einen bestimmten Zinnverbrauch bestimmen und mir überlegen, wie man den senken kann.«

»Klingt doch nicht schlecht, oder?« sagte ich vorsichtig.

»Na ja, du darfst den Unterschied zwischen Schein und Sein nicht vergessen«, lächelte Elli und wandte sich an Angelika. »Inzwischen habt ihr doch erfahren, daß eure Arbeit schon gemacht worden war und nur der schriftliche Beleg darüber fehlte. Den solltet ihr dann liefern.«

Angelika nickte kurz.

»Sonst noch irgend etwas Wichtiges, das mit der Schule zu tun hat?« fragte ich und kam mir dabei wie ein Journalist vor, der Daten für einen Artikel sammelt.

Angelika und Elli sahen sich einen Moment lang an.

»Vielleicht noch die Arbeitsgemeinschaften, die sogenannten Zirkel«, sagte Elli.

»Was hat es damit auf sich?« fragte ich wieder in interessiertem Tonfall.

»Nachmittags kann man seinen Hobbys in irgendwelchen Arbeitsgruppen nachgehen, ich bin zum Beispiel im Chor«, antwortete Angelika.

»Und ich in einem Literaturzirkel. Wir schreiben Gedichte und

Kurzgeschichten«, erklärte Elli stolz. »Damit soll dir geholfen werden, deine Interessen weiterzuentwickeln und dich so auf einen späteren Beruf vorzubereiten. Es muß aber nicht so sein, du kannst auch einfach aus Spaß und Freude mitmachen.«

»Das ist ja wirklich nicht übel«, sagte ich anerkennend, und die beiden Mädchen nickten. »Werdet ihr denn sonst noch auf eure späteren Berufe vorbereitet? Irgend jemand hat mir davon erzählt, daß ihr schon sehr früh bearbeitet werdet, bestimmte Berufe zu ergreifen, die in der Gesellschaft gebraucht werden. Oder nicht?«

»Ungefähr stimmt das auch«, meinte Elli. »In der sechsten Klasse wirst du gefragt, was du einmal werden möchtest, dein Wunsch wird dann schriftlich festgehalten. Und dir wird empfohlen, eine Arbeitsgemeinschaft – die läuft meist nachmittags in der Schule oder im Haus der Pioniere – zu besuchen, die etwas mit deinem Berufswunsch zu tun hat. Daneben gibt es auch Volkskunstschulen, auf denen du zeichnen, malen oder ein Instrument erlernen kannst. Natürlich gibt es auch hier Talentwettbewerbe, zum Beispiel die Spartakiade der Volkskunst, später dann das ›Fest der Jungen Talente‹. Und für die technisch Interessierten gibt es die MMM, das ist die ›Messe der Meister von Morgen‹.«

»Worum geht's dabei?«

»Dieser Wettbewerb findet jedes Jahr im Frühjahr statt«, sagte Angelika, »jede Klasse muß dabei ein MMM-Objekt betreuen. Die Ausstellungsstücke dienen später häufig als Lehrmittel; zum Beispiel haben wir einmal einen Apparat gebaut, mit dem die Geschwindigkeit von Gegenständen gemessen werden kann. Oder eine Diatonreihe über die Geschichte der SED zusammengestellt, eine Karte von der DDR mit ihrem Energieverbundnetz gebastelt ...«

»Machen diese Sachen denn Spaß?« unterbrach ich sie.

»Manchmal. Durch diesen ständigen Druck, etwas machen zu müssen, etwas abliefern und vorzeigen zu müssen, verliert man schnell die Lust«, sagte Angelika. »Spaß macht es eigentlich nur, wenn man sich selbst etwas einfallen läßt und auch ohne große Bevormundung durch den Lehrer zu Ende machen kann.

Aber das ist nur ganz selten der Fall ... So richtig etwas selbst in die Hand zu nehmen, das lernt hier sowieso keiner.«

Ich versuchte das Gespräch zurück zu den Berufswünschen zu lenken: »Wie geht es nun weiter mit der Berufswahl?«

Elli antwortete: »Wenn du die Schule wechselst ...«

»Also von der POS zur EOS«, unterbrach ich sachkundig.

»Genau«, sagte Angelika und grinste mir zu. »Du kennst dich ja bald schon so gut hier aus, daß ich für dich in die BRD zurückfahren kann und du hierbleibst ...«

»Wenn du die Schule wechselst«, wiederholte Elli hartnäckig und übersah unseren Flirt widerwillig, »dann mußt du dich mehr oder weniger endgültig festlegen.«

»Wann ist dieser Wechsel, nach der mittleren Reife oder wie?«

»Von der Normalschule werden im Schnitt zwei bis drei Leute nach der achten Klasse zur EOS delegiert, das sind meistens die Arbeiterkinder und die von Funktionären. Der Rest geht nach der zehnten Klasse ab und bekommt eine Lehrstelle. Wenn du dagegen in einer R-Klasse bist, das sind Russisch-Klassen, also mit dem Schwerpunkt auf dieser Sprache, dann geht man erst nach der zehnten Klasse zur EOS. Beim Übergang zur zwölften Klasse mußt du dich dann um einen Studienplatz bewerben, wir beide also im Herbst. Extra dafür gibt es eine Kommission, die entscheidet, ob du studieren darfst oder nicht. Der Klassenlehrer schreibt dir ein Zeugnis, in dem ›deine Persönlichkeit‹ beurteilt, deine gesellschaftliche Tätigkeit untersucht und bewertet wird. Und dieses Urteil ist meistens entscheidend, ob du einen Studienplatz bekommst oder nicht.«

»Also wenn ihr Abi macht, dann habt ihr Studienplatz oder Lehrstelle schon in der Tasche, ja?«

»Nicht ganz«, korrigierte mich Elli. »Wenn man in der DDR Abitur macht, ist es unmöglich, sich um eine Lehrstelle zu bewerben. Bei uns umgeht man diese unnötige Bildungsinvestition. Es kann lediglich noch eine Möglichkeit zur Erwachsenenqualifizierung eröffnet werden, eine Art verkürzte Lehre, wenn die Umlenkungsgespräche absolut nichts fruchten.«

»Umlenkungsgespräche?«

»Ja, du hörst richtig«, sagte Angelika. »Du wirst so lange bearbeitet, bis du dich um den Beruf bewirbst, der auch von der Gesellschaft benötigt wird.«

»Das ist ja interessant«, meinte ich.

»Wißt ihr denn nicht vor dem Abitur, was ihr später machen wollt?« fragte mich Elli.

»Natürlich nicht«, lachte ich. »Bei uns gibt es doch kein Recht auf Arbeit, das sieht man doch an den vielen Arbeitslosen.«

»Das wissen wir auch«, warf Angelika ein.

»Ja, das sehe ich.«

Ich mußte noch einmal lachen. »Aber vorstellen könnt ihr euch das offensichtlich nicht.«

»Wenn ihr nach der Schule keine Arbeit bekommt, ja, was macht ihr denn dann?«

»Ich verstehe gar nicht, warum ihr beiden so erstaunt darüber seid«, sagte ich, nun nicht weniger verdutzt. »Bei uns ist das etwas völlig Normales. Wer keine Lehrstelle findet oder auf einen Studienplatz warten muß, der jobbt eben oder läßt sich von seinen Eltern aushalten, fährt ein paar Monate in Urlaub, solange das Geld reicht ... Schlimm finde ich solche Zustände eigentlich nur für die Fünfzehn-, Sechzehnjährigen, die aus der Schule kommen und denen im Moment kaum einer

Arbeit gibt, gerade wenn sie einen schlechten oder womöglich gar keinen Schulabschluß haben.«

»Das sind ja wirklich chaotische Zustände«, sagte Elli und schüttelte den Kopf. »Wie haltet ihr diese Unsicherheit aus?«

»Da frage ich nur zurück: Wie haltet *ihr* das *hier* aus?«

Wir schwiegen, starrten uns nachdenklich an, bis Angelika auf ihre Uhr sah. »Wir müssen uns beeilen, die GOL-Wahl fängt jeden Moment an.«

Wir sprangen auf, packten unsere Taschen und liefen zur Aula rüber – ein Raum, der sich lediglich in etwas weniger komfortabler Bestuhlung und der Größe von dem unterschied, in dem gestern die Jugendweihe stattgefunden hatte. Der Saal war schon ziemlich voll. Es schien sich um eine Pflichtveranstaltung zu handeln. Ziemlich weit hinten waren noch Plätze frei, wir setzten uns, und ich fragte Elli nach der Abkürzung »GOL«.

»Das heißt Gruppenorganisationsleitung«, erklärte sie mir.

»Bei uns geschieht alles in Gruppen, ob es nun der Gruppenrat ist, die Pionier- oder FDJ-Gruppe. Außerdem gibt es noch die Grundorganisationen, das sind zum Beispiel die FDJ, die SED und ähnliche Massenorganisationen, die alle nach dem Prinzip des ›demokratischen Zentralismus‹ geführt werden.«

»Was bedeutet das nun schon wieder?«

»Das ist die Form von Demokratie, die es unserer Bevölkerung ermöglichen soll, sich an staatlichen Entscheidungen optimal zu beteiligen«, sagte sie nicht ohne Ironie.

»Auf gut deutsch: Wenn die da oben Beschlüsse fassen, müssen wir hier unten sie ausführen.«

»Und was macht eine GOL in der Schule?«

»Das sind diejenigen, die innerhalb der Schule von den Schulklassen für eine innerschulische Leitung zusammengestellt werden. Um was sich diese Leute kümmern, wirst du gleich noch mitbekommen . . .«

Ein dicker Mann, etwa fünfunddreißig Jahre alt, kam auf die Bühne und eröffnete die Veranstaltung mit dem ersten Tagesordnungspunkt, der Wahl der Versammlungsleitung. Für das Präsidium kandidierten Schüler, die irgendwo im Saal sitzen mußten.

»Das ist unser FDJ-Bonze«, flüsterte Angelika mir zu. »Der ist hauptamtlich für die Organisation FDJ an unserer Schule verantwortlich, sorgt für die richtige ideologische Ausbildung, organisiert die Wettbewerbe; der macht alles, was mit FDJ zu tun hat.«

»Wo sind denn die Leute, die ins Präsidium gewählt werden?«

»Die sitzen da vorne rechts; die meisten kenne ich nicht, aber das ist sowieso egal. Gegenkandidaten gibt es nicht, die Gewählten stehen schon vorher fest. Außerdem sind die meisten hier im Saal sowieso froh, daß sich jemand für diese Aufgabe findet.«

Die Namen der Kandidaten wurden vorgelesen; nach jeder Nennung hob der ganze Saal geschlossen die Hand. Erst danach tauchten die zu den Namen gehörenden Schüler auf und setzten sich an das Podium.

Das Mädchen in der Mitte war offensichtlich die Vorsitzende und für diesen Moment bestens vorbereitet – sie stand auf, bat entschieden um Ruhe und setzte zu einer ähnlich engagierten und doch stereotypen Rede an wie gestern der Vorsitzende der Deutsch-Sowjetischen Freundschaft bei der Jugendweihe. Ich hörte ohne große Konzentration zu, nur ein paar Stichwörter drangen in mein Bewußtsein: »... Studienangelegenheiten ... Richtlinie der Partei beachten ... wie auch in der großen sozialistischen Oktoberrevolution ... militärisches Bewußtsein hochhalten ... Glück ... unsere Republik ... Rückblick auf die Arbeit der GOL ... Unterrichtsdisziplin noch zu verbessern ... Pünktlichkeit ... politischer Auftrag der Ordnungsgruppen von gesellschaftlicher Bedeutung ...«

»Was ist denn eine Ordnungsgruppe?« fragte ich Elli, die lustlos und gelangweilt vor sich hin döste.

»Ordnungsschüler werden ähnlich wie der Tafeldienst alphabetisch in Ordnungsgruppen eingeteilt; die laufen mit roter Armbinde auf dem Schulhof herum und sollen für Ordnung und Disziplin sorgen. Das tun sie auch mit wahrer Begeisterung«, sagte sie bitter.

»... zum Schluß möchte ich mich bei der Parteileitung von Halle für die tatkräftige Unterstützung unserer Arbeit bedanken.« Das Mädchen setzte sich, neben ihr ergriff ein Junge das Wort und forderte zur organisierten Diskussion auf, was wohl heißen sollte, daß die Diskussion vorbereitet war. In der Tat mußte jede Klasse ein bis zwei fertige Kommentare in die Diskussion einbringen.

In einem ersten Beitrag wurde die fehlende Offenheit in politischen Diskussionen beklagt, danach kurz über die innenpolitischen Probleme, im besonderen die Versorgungslage, gesprochen. In einer Antwort vom Podium legte ein Junge dar, wie wichtig für eine Auseinandersetzung mit solchen Fragen die politisch-ideologische Arbeit in den Klassen sei und daß in Zukunft diese Arbeit noch zu verbessern wäre. Dann wurde in einem Diavortrag die Entwicklung der Raketentechnik seit dem Zweiten Weltkrieg erläutert, wobei darauf hingewiesen wurde, daß die USA gerade bei der Entwicklung neuer Vernichtungstechniken immer vorneweg lagen. Ein anderer Junge berichtete von einem Besuch eines Armeeobjektes, einer Kaserne, in der Nähe von Halle und forderte eine Steigerung der Wehrbereitschaft, das hieß: mehr freiwillige Offiziersbewerber. »Wir wollen doch in Frieden, Sicherheit und Glück leben, also brauchen wir eine starke NVA, denn der Frieden muß bewaffnet sein.«

»Das ist die Gegenlosung auf ›Schwerter zu Pflugscharen‹«, flüsterte mir Elli ins Ohr.

»So etwas gibt es bei uns auch«, flüsterte ich zurück. »Aus ›Frieden schaffen ohne Waffen‹ wurde so ›Frieden schaffen mit weniger Waffen‹.«
In der nächsten Wortmeldung beklagte ein Junge die unzureichenden Schießergebnisse im letzten GST-Lager, betonte die Möglichkeit, ab dem nächsten Schuljahr am schuleigenen Schießstand üben zu können, und wies darauf hin, daß im nächsten Jahr die Schießausbildung qualitativ verbessert würde.
Im Anschluß an diese beinahe harmonisch verlaufende »Diskussion« – kontroverse Meinungen gab es überhaupt nicht – standen die Ordnungsgruppen auf der Tagesordnung. Ein Junge mit einer roten Armbinde ergriff das Wort und referierte über die Aufgaben dieser Gruppen. Sie garantierten Ruhe und Ordnung in Discos und Jugendklubs, sorgten für Ordnung und Sicherheit bei Schulveranstaltungen, halfen bei der Pausenaufsicht und sorgten für Klassenraumkontrollen; er erwähnte die bevorstehenden Kreismeisterschaften der Jugend und Sportler der DDR und eine Auszeichnung durch die Volkspolizei mit 300 Mark für den vorbildlichen Einsatz beim Pfingsttreffen der Jugend in Berlin. Er berichtete von der Ausbildung der Mitglieder, die deutlich auf eine militärische Laufbahn zielte: Selbstverteidigung, Exerzier- und Taktikausbildung, Rechts- und Schießunterricht. Als Aufgaben für die Zukunft nannte er die Aufstellung eines Alarmplanes, die künftige Verpflichtung, bei zentralen Veranstaltungen Teilnehmer zu stellen, und die üblichen Einsätze.
Ich sah mich um. Die Mienen der Versammlungsteilnehmer drückten Müdigkeit und Langeweile aus, kaum jemand war bei der Sache.
Eine Schülerin hob in ihrer Äußerung zu Studienwünschen die Notwendigkeit hervor, als Frau auch in Männerberufen zu arbeiten. Keine Reaktion in der Menge – es schien sich um

eine alltägliche Forderung zu handeln. Im folgenden Beitrag berichtete eine Schülerin über ihre Schwierigkeiten beim Lernen in einer neuen Klasse – ein solches Bekenntnis war hier wohl nicht unüblich und erstaunte den Gesichtern nach zu urteilen niemanden. Die FDJ-Sekretärin dieser Klasse reagierte mit einer Aufforderung an ihre Mitschüler, sich in Zukunft intensiver um »Neue« zu kümmern. Danach berichtete der FDJ-Sekretär einer anderen Klasse über die Ziele seiner Klasse für das nächste Schuljahr, über die geplante Steigerung von Notenschnitt und Soli-Beiträgen, über das MMM-Objekt der Klasse, die hergestellten Wandzeitungen und über die Organisation eines Schulfestes zum Jahrestag der Republikgründung.

Danach redete die Leiterin des Schulklubs über ihre zukünftigen Aufgaben: das kulturelle Leben gestalten, die »Julius-Schaxel-Festwoche«, Vorträge zu politischen Themen und der Umbau der Kellerdisco. Elli meldete sich und bat um die Erlaubnis, auf die Toilette gehen zu dürfen. Sie durfte!

Die Veranstaltung näherte sich ihrem Ende, denn nun ergriff der Direktor der Schule das Wort. Er begann mit einer langatmigen Erklärung über die Notwendigkeit, ein Schlußwort halten zu müssen, überbrachte die Grüße des gesamten Pädagogenkollektivs – welch ein antiquiertes Wort: Pädagogenkollektiv, das würde bei uns niemand mehr in den Mund nehmen! – an die Versammlung und betonte, daß die Schüler das »Friedensaufgebot der FDJ« unterstützen sollten, »jeder kann in einem bestimmten Bereich über seinen Schatten springen«. Emotionslose Gesichter blickten pflichtschuldig in seine Richtung. Neben mir verdrehte Elli ihre Augen. Nach dem kurzen Aufstellen einer Statistik, wieviel Mädchen und Jungen an der Versammlung teilgenommen hatten, wurden den einzelnen Klassen ihre Verbandsaufträge überreicht. Dabei handelte es sich um Selbstverpflichtungen beim Sammeln von Soli-Spenden, um die Verbesserung der Sauberkeit auf dem Schulhof und in den Klassenräumen und um ähnliche Dinge.

Endlich stellte sich die neue Gruppenorganisationsleitung für das nächste Schuljahr zur Wahl. Wieder wurden die Vorschläge des Präsidiums einstimmig angenommen, Minuten später zerstreuten sich die Schüler, drängten ihrer Freizeit entgegen, frei von ideologischen Bevormundungen und pflichtgemäßen Bekenntnissen. Nach dieser Veranstaltung war mir klar, daß Schule und Freizeit in der DDR wesentlich weiter auseinanderlagen als bei uns. Elli, Angelika und ich verließen den Saal und machten uns auf den Weg, um Christian von der Arbeit abzuholen. Es war beinahe halb sechs, als wir dort ankamen. Christian warf seinen Arbeitskittel in die Ecke, verabschiedete sich flüchtig von seinen Kollegen und ging mit uns essen. Er erzählte kurz von seinen heutigen Erlebnissen, danach kamen wir auf die nächsten Tage zu sprechen. Dabei wurde mir bewußt, daß ich bald schon wieder abreisen mußte. Eine schmerzhafte Erkenntnis, schließlich hatte ich mich selten so wohl gefühlt. Am liebsten wäre ich noch Wochen geblieben. Es war tatsächlich so, wie ich es schon auf der Hinfahrt vermutet hatte. Nicht nur Angelika verband mich mit diesem Land – ich mochte sie zwar sehr gerne, aber meine Sympathie galt all meinen Freunden in der DDR.

Christian machte mir den Vorschlag, morgen mit ihm nach Weimar zu fahren, einen kleinen Ausflug in die Stadt Goethes und Schillers zu machen, zusätzlich vielleicht noch das Konzentrationslager Buchenwald zu besichtigen. Er hatte sich dafür extra einen Tag freigenommen, im festen Glauben, ich würde mitkommen. Diese Sicherheit löste Erstaunen bei mir aus – ihm mußte viel an mir liegen. Natürlich stimmte ich zu.

Wir saßen noch lange nach dem Essen zusammen und diskutierten beim Bier. Christian wollte von mir wissen, welche Meinungen über die DDR die Jugendlichen bei uns hätten.

Ich erklärte ihm, daß die meisten mit diesem Land nichts zu tun hätten und folglich auch nichts damit anzufangen wüßten. Kaum jemand würde in die DDR fahren. Dagegen würden sich viele politisch engagierte Jugendliche häufig sehr vehement für oder gegen diesen Staat äußern; Rechte würden Sozialismus à la DDR und das Böse auf die gleiche Stufe stellen, Linke sähen in der DDR manchmal eine anstrebenswerte Gesellschaftsform. Aber auch für die meisten dieser Jugendlichen gelte, daß sie die DDR nie besucht hätten. Wer sich dagegen die Mühe machen würde, etwas hinter die Fassaden der DDR zu schauen, der würde meiner Meinung nach schnell auf positive wie negative Dinge stoßen, die sich nicht so einfach in ein einheitliches Bild einordnen ließen.
Christian bestätigte, daß ich es mir hätte leichter machen können, aber er fand meine Einstellung offener und ehrlicher als die der zahlreichen Besucher, die nur kämen, um westliche und damit ihre eigenen Leistungen vorzuführen. Außerdem sei ihm aufgefallen, daß »wir« auf der einen Seite sehr cool und abgeklärt mit unserem Leben umgingen, auf der anderen Seite aber nicht den Mut fänden, uns mit der DDR auseinanderzusetzen. Bei Besuchen »hier« leiste dann nicht das Bedürfnis nach Verständigung den Zusammenhalt, sondern eine zufällige Verwandtschaftsbeziehung.
Ich mußte ihm recht geben, ich benahm mich tatsächlich häufig abgebrüht, aber ich wandte ein, daß er solche Besuche zu negativ sähe. Verwandtentreffen mußten ja nicht so ablaufen, daß man mit dem BMW vorfuhr und Schokolade an die Kinder verteilte. Auch die DDR-Bürger hätten doch genügend Dinge, auf die sie stolz sein könnten.
In einem Punkt waren wir uns jedoch einig: Viel zuwenig Bundesbürger machten sich die Mühe, wirklich einen Blick hinter die »Mauer« zu werfen. Die Besucher sollten das Gespräch suchen und nicht nur die Monumente deutscher

Kultur – Goethes Arbeitszimmer, den Dresdener Zwinger und das Leipziger Gewandhaus.

Ich fragte Christian nach der Haltung der DDR-Bürger zu unserem und zu ihrem eigenen Staat.

Die meisten von ihnen würden in der Bundesrepublik nicht mehr nur den goldenen Westen sehen, zu offensichtlich seien auch bei uns die Schwierigkeiten geworden, Wirtschaft und Gesellschaft stabil zu halten, sagte Christian. Das Klima im Westen sei trotz oder wegen größerer Freiheit kälter, die Menschen würden nicht so stark zusammenhalten wie in der DDR, man würde bei uns viel mehr in Schubladen denken. In der DDR sähe man deswegen längst die unbestreitbaren Vorteile des eigenen Gesellschaftssystems. Im Umgang mit dem eigenen Staat hätten sich aber, gerade unter Jugendlichen, verschiedene Formen von Anpassung entwickelt. Die meisten jungen Leute wüßten die Vorzüge der DDR durchaus zu schätzen; dennoch würde sie auch ideologische Manipulation nicht daran hindern, kritisch eigene Mißstände zu erkennen.

»Die da oben dürfen sich nicht wundern, wenn der Unmut über gewisse Zustände bei uns weit verbreitet ist«, meinte Christian. »Wenn dir ständig eingehämmert wird, das Leben bei uns sei schöner, freier, glücklicher und zufriedener als bei euch, und du weißt genau, das stimmt nur in wenigen Punkten, dann ist Trotz gegen die Einheitsmeinung die natürliche Folge. Die Angepaßten sind natürlich in der Überzahl, sonst hätte es hier längst eine Revolution gegeben. Diese Leute geben sich optimistisch, suchen jedes Haar in der Westsuppe als Beweis für ihre Meinung, so schlecht sei es ja bei uns auch nicht, und vergessen dabei leider häufig, daß hier manchmal ganze Toupets in der Suppe schwimmen. Bei diesen Menschen regt sich kein Widerspruch, die sind so angepaßt, daß es mir kalt über den Rücken läuft. Die beten nach, was ihnen vorgesetzt wird, ohne mit der Wimper zu zucken.«

»Da kann ich dich aber beruhigen«, warf ich ein. »Die sogenannte schweigende Mehrheit, die alles mitmacht und schluckt, die gibt es bei uns genauso. Und sie nimmt zu, gerade jetzt, da die Arbeitslosigkeit so hoch ist: Die Drohung mit dem Arbeitsplatz ist ein wirksames Einschüchterungsmittel!«

»Bei uns ist diese Angepaßtheit eine billige und ungefährliche Möglichkeit, die Ansprüche von Partei und Staat ohne große persönliche Einschränkungen zu erfüllen«, erklärte Christian weiter. »Das wissen die da oben auch. Die FDJ zum Beispiel hat rein nominell über zwei Millionen Mitglieder, und doch hat sie nur wenig Einfluß auf das Leben der Jugendlichen!«

»Bei uns gibt es zwar keine umfassende Jugendorganisation wie die FDJ«, setzte ich dagegen. »Alles Politische ist völlig freiwillig. Trotzdem gibt es aber nur wenige Jugendliche, die politisch aktiv sind.«

»Genau das verstehe ich eben nicht. Ihr *habt* die Möglichkeiten und nutzt sie nicht. Das geht mir einfach nicht in den Kopf«, sagte Christian verwundert. »Die Jugendlichen bei euch müssen doch die Chancen sehen, die in solchen Gruppen stecken. Aber sie interessieren sich wohl doch mehr für Autos und Musik, was?«

Ich mußte ihm zustimmen. »Aber daran sind doch hier auch viele interessiert, oder nicht?«

»Klar«, sagte er. »Aber so wichtig ist das hier nicht, weil es gar nicht viel zu kaufen gibt. Allerdings gibt es hier eine andere Form von Anpassung, die jeder Veränderung im Wege steht. Viele Menschen in der DDR leben nach der Devise ›Solange ich noch mein Geld verdiene und irgendwann einmal Datscha, Haus und Trabant bekommen kann, warum sollte ich mich da beklagen?‹ Mit anderen Worten: Die Leute flüchten aus der Wirklichkeit ins kleine, private Glück. Und mit Bürgern, die am Wochenende im Garten Rosenkohl anbauen und Würstchen grillen, läßt sich kein wirklich sozialistischer Staat machen.«

»Natürlich stinkt vielen Jugendlichen die Miefigkeit dieser Republik«, meinte Christian. »Und in den letzten Jahren hat sich sehr viel verändert hier. Viele legen keinen Wert mehr darauf, wie ihre Eltern in einer kleinbürgerlichen Idylle zu landen. Punkkonzerte und selbstorganisierte Ausstellungen, Fahrraddemonstrationen und Friedenswerkstätten, das habe ich alles schon selbst miterlebt. Auf der anderen Seite gibt es natürlich auch welche, die wirklich überzeugt von unserer Gesellschaft sind.«

»Fahrraddemonstrationen?«

»Klar, so schlapp, wie du denkst, sind wir hier auch nicht. Die nächsten Tage wird wieder eine sein, vielleicht bist du ja dann noch da. Die Jugendlichen, die kritisch denken, haben schon längst gemerkt, wie sehr sie verwaltet, wie sehr sie unter Kontrolle gehalten werden, wie überzogen das Ordnungs- und Disziplindenken bei uns ist. Deshalb greift die große Verweigerung um sich, beinahe wie bei euch. Ihr drüben seid keine Alternative für diese Leute, und bei uns geht es in ihren Augen eigentlich auch nur noch bergab. Natürlich hat sich gerade wirtschaftlich in den letzten Jahren viel getan, aber diese Verbesserungen werden von vielen gar nicht mehr zur Kenntnis genommen, sind nur so klein, daß sie die Nachteile nicht mehr ausgleichen können.«

»Ich muß es noch mal sagen: Eine ähnliche Stimmung herrscht auch bei uns. Was nützt der totale Wohlstand, wenn ich keine Arbeit finde und kein Geld für die hohen Mieten habe?« sagte ich. »Zu welcher Gruppe von Jugendlichen zählst du dich überhaupt?«

»Auf der einen Seite bin ich angepaßt, das ist klar. Ich habe meine Arbeit, komme an die guten Bücher ran, habe genug Geld zum Leben, aber auf der anderen Seite bin ich auch unzufrieden«, entzog Christian sich einer eindeutigen Stellungnahme. »Ich habe Freunde, die können das, die pfeifen auf Bildungschancen und Karriere und leben in einem permanenten Kleinkrieg mit den Vopos und der Stasi. Dazu habe ich nicht den Mut, denn wenn man so lebt, dauert es nicht lange, und du stellst einen Ausreiseantrag oder landest im Knast.«

»Aber warum probierst du nicht kleine Veränderungen?«

Mir fiel ein, daß dies eine Frage war, die ich eigentlich mir selbst stellen mußte.

»Ich weiß, ich weiß«, wehrte Christian meine Frage ab. »Wie gesagt, mir fehlt manchmal einfach der Wille.«

»Von selbst passiert aber nichts«, sagte ich mehr zu mir selbst.

»Von heute auf morgen sowieso nicht.«

»Aber wie lange sollen wir drauf warten?«

Darauf wußte auch ich keine Antwort mehr. Elli und Angelika blickten uns betroffen an. Unser Gespräch hatte sich festgefahren; wir standen beide in einer Sackgasse. Wie lange würde es dauern, bis ich wirklich verstand, was hier in der DDR passierte? Den ganzen Tag über hatte ich das Gefühl gehabt, etwas zu verstehen und damit Zugang zu meinen Freunden zu finden; jetzt fühlte ich mich einsam.

Wie verabredet kam Rolf plötzlich ins Lokal und setzte sich zu uns. Er schlug vor, ins Kino zu gehen, in Margarethe Trottas »Bleierne Zeit«. Ich wunderte mich darüber, daß der Film auch in der DDR gezeigt wurde, und obwohl ich ihn schon kannte, war ich froh über die Ablenkung: Wieder fühlte ich mich nach den langen Gesprächen, die nie an der Oberfläche blieben, wie ausgelaugt.

Wir liefen zum Kino, standen zwanzig Minuten Schlange, um Karten zu bekommen, und tranken dann noch zwei Bier in der Kneipe um die Ecke vor der Vorstellung.

Nach dem Film waren die anderen begeistert. Ich dagegen

hatte das Gefühl, überhaupt nicht dabeigewesen zu sein. Ich hatte mich in der Dunkelheit des Kinos leer gefühlt, und ich wußte, daß ich dringend ins Bett mußte, um meiner Melancholie zu entrinnen. Bei Ralf wurde noch lange über den Film diskutiert; Elli, Christian und Angelika waren noch mitgekommen. Ich saß stumm neben ihnen, hörte der Musik der Stones zu und trank langsam meinen Wein. Angelika blickte von Zeit zu Zeit wie fragend zu mir herüber, ich lächelte müde zurück. Als Elli und sie gehen wollten, wechselten wir noch ein paar kurze Worte und nahmen uns lange in den Arm.
Christian blieb gleich da, weil wir am nächsten Morgen früh aufstehen wollten, um nicht zu spät in Weimar zu sein. Er schlief im Wohnzimmer, ich lag wieder neben Ralf. Er drehte sich zu mir rüber, sah mich an, zögerte einen Moment.
»Es gefällt dir doch bei uns, oder? Du warst so still heute abend«, sagte er zu mir.
»Doch, doch, sehr gut sogar. Am liebsten würde ich gar nicht mehr wegfahren.«
»Wünsch dir das nicht. Die DDR – dieses Land macht nur dann Spaß, wenn man woandershin kann. Sonst erstickt man hier leicht.« Dann schwieg er wieder. Nach einer Pause fragte er: »Bist du eigentlich in Angelika verliebt?«
»Ich glaube schon«, formulierte ich langsam. »Aber richtig glücklich bin ich nicht, weil ich ja Freitag schon wieder fahren muß.«
»Du kannst doch wiederkommen«, versuchte er mich aufzumuntern.
»Ja, da hast du natürlich recht.«
Nach diesem kurzen Gespräch fühlte ich mich wieder etwas besser verstanden.
»Gute Nacht.«
»Gute Nacht, Ralf. Schlaf schön!«

5

Christian hielt mir grinsend einen Zwanzig-Mark-Schein direkt vor das Gesicht. »Na, kennst du den jungen Herrn auf dem Schein nicht?« Ich hatte überhaupt keine Gelegenheit, den Geldschein genauer zu betrachten, weil Christian mit ihm ständig vor meiner Nase herumfuchtelte.
»Viel Bildung habt ihr wirklich nicht«, sagte er lachend. »Johann Wolfgang von Goethe höchstpersönlich. Wenn er auch nichts dafür kann, daß er sich hier wiederfindet.«
Christian war blendender Laune, im Gegensatz zu gestern abend, als er mir illusionslos die verschiedenen Typen vorgeführt hatte, die in dieser Gesellschaft lebten. Und ich fühlte mich auch wieder gut, meine Melancholie war verflogen. Wir standen in Halle auf dem Bahnhof, die Sonne schien uns voll ins Gesicht, in wenigen Minuten würde der Zug nach Weimar ankommen.
»Weimar«, rief Christian ohne Rücksicht auf die anderen Reisenden pathetisch aus, »deutscheste aller Stätten! Du Hort deutscher Kultur und Barbarei! Philosophische Hochburg und Mahnmal deutscher Innerlichkeit!«
Er zog einen Reiseführer aus der Hosentasche und las laut vor: »Weimar ist die Stadt der deutschen Klassik und des antifaschistischen Widerstandskampfes von Buchenwald. Hier vereinigen sich in ausgeprägter Weise humanistische Traditionen und sozialistisches Gegenwartsschaffen.«
Er lachte, mich dagegen hatte diese Formulierung eher beeindruckt.
»Ich verstehe nicht«, sagte ich ziemlich unsicher. »Was ist los mit dir? Was gibt es da zu lachen?«
»Ja, wer war denn das, der Goethe?« fragte er ironisch.
»Nun, ein bedeutender Universalgelehrter und Schriftsteller«, versuchte ich eine Definition.

»Ja, und – was war er noch?«
Ich zuckte die Achseln.
»Ein Deutscher war er, ein Deutscher, wie er im Buch steht.«
»Ich verstehe immer noch nicht«, sagte ich, nun ärgerlich.
»Als erstes mußt du wissen, daß Goethe in unserer offiziellen Kulturgeschichte zu den Ahnherren des Sozialismus gehört: Goethe war eigentlich auch Sozialist.«
»Aha«, sagte ich wenig beeindruckt.
»Und zweitens: Goethe hat als ein Mensch, der wirklich nicht dumm war, sich immer aus allen politischen Auseinandersetzungen herausgehalten. Er hat die typische deutsche ›Innerlichkeit‹ gepflegt, von der heute alle DDR-Bürger zehren.«
»Wie meinst du das?«
»Na, diese idiotische Vorstellung, man könne ein eigenes, privates Leben führen, ohne Rücksicht auf die politischen und öffentlichen Zustände. Diese Trennung von persönlichem Leben und dem äußerlichen politischen Handeln, das ist Goethe gewesen, und das ist die DDR heute!« Christian triumphierte.
Da der Zug einlief und wir uns ein Abteil suchen mußten, war unser Gespräch unterbrochen. Kaum hatten wir uns gesetzt, nahm ich den Gesprächsfaden wieder auf: »Du meinst also dieses Doppelleben, das eure Bürger führen?«
»Wahrscheinlich nicht nur unsere«, sagte er eindringlich. »Bei euch gibt es so etwas auch, vielleicht nicht so ausgeprägt. Ihr seid schließlich auch Deutsche!«
»Möglich«, sagte ich nachdenklich. »Woher weißt du das alles, die Geschichte mit Goethe zum Beispiel?«
»Na, unsere humanistische Bildung ist eben doch nicht ganz spurlos an mir vorübergegangen, außerdem arbeite ich schließlich in einem Buchladen, da muß man schon eine ganze Menge lesen«, erklärte er.
Ich nahm ihm seinen Stolz nicht übel.

»Weißt du nun, was ich ausdrücken will?« Er sah mich an.
»So ungefähr – ja!«
»Ich will dir mal ein Beispiel für ein solches Verhalten erzählen. Ein Bekannter von mir ist Kulturfunktionär bei der FDJ an der Uni. Der ist wirklich gebildet, und mit der Biermann-Ausbürgerung 1976 war er bestimmt nicht einverstanden. Aber als an der Universität eine Versammlung einberufen wurde, in der Biermann in Grund und Boden verdammt werden sollte, da durfte er als Funktionär nicht schweigen. Denn Schweigen wird als Gegenstimme gewertet. Und da hat er gesagt, was von ihm erwartet wurde. Wes' Brot ich ess', des' Lied ich sing'. Zu Hause war er völlig fertig, packte seine Gitarre aus dem Schrank und sang Biermanns Lied ›Du, laß dich nicht verhärten in dieser harten Zeit‹. Mal überspitzt ausgedrückt: Das ist typisch deutsch, sage ich dir; wir Deutschen sind die geborenen Untertanen.«
»Das ist hart, Christian, sehr hart«, reagierte ich prompt.
»Ich weiß. Aber ist es nicht so? Unsere Unentschlossenheit, unsere Angst, Position zu ergreifen, unser Bedürfnis, lieber mitzulaufen und die anderen machen zu lassen als uns querzustellen, ist das nicht typisch deutsch?«
»Wie kannst du so leben – mit dieser vernichtenden Selbsteinschätzung?«
»Als Deutscher kann man damit leben! Sieh dir nur Buchenwald an, das Konzentrationslager. Was haben wir daraus gemacht, was haben wir aus dem Faschismus gelernt?«
»Ich denke, wir haben gelernt, daß so etwas nie wieder passieren darf, oder nicht?«
»Nichts, nichts haben wir gelernt, sage ich«, rief Christian aufgeregt. »Bei euch sitzen die alten Nazis immer noch in den hohen Ämtern, die Neonazis vermehren sich wie die Kaninchen, keiner regt sich darüber auf, statt der Juden sind nun die Türken an allem schuld.«

»Und bei euch?« fragte ich zurück.
»Wir – wir haben einen Mythos daraus gemacht, eine Staatsreligion. Westdeutsche Militaristen haben den Krieg angefangen, heißt es bei uns, west-deutsche! Den Faschismus und seine ganzen Ideen nennen wir eine Form des Kapitalismus, als ob er mit den Menschen eines Landes gar nichts zu tun hätte. Das Großkapital war es eben, das Hitler an die Macht gebracht hat. Keine Frage danach, warum die Kapitalisten Interesse an der Vernichtung von vielen Millionen Juden hatten! Unser Antifaschismus, das ist keine Auseinandersetzung mit den Ursachen des Nationalsozialismus – dieses Wort wird übrigens peinlich vermieden! –, sondern ein Loblied auf den heldenhaften Widerstandskampf deutscher Kommunisten, ein Loblied auf die ruhmreiche Sowjetarmee, die Deutschland im Alleingang befreite. Kein Wort über den deutsch-sowjetischen Nichtangriffspakt von 1939, kein Wort darüber, daß es auch die Kommunisten waren, die das Ende der Weimarer Republik herbeigesehnt hatten! Verlogen sind wir, hüben wie drüben! Keiner denkt darüber nach, daß auch diese deutsche Innerlichkeit, diese Trennung von privatem Glück und politischem Geschehen, solche gigantischen Verbrechen erst möglich machte! Kein Gedanke daran, wie martialisch – mit militärischem Zeremoniell, Stechschritt und so weiter – wir die Gedenktage für die Opfer des Faschismus begehen, kein Gedanke daran, daß wir es sind, die zwar jeden Militarismus als Produkt des Imperialismus ablehnen, aber jeden Mai mit Panzern und Raketen durch Berlin rollen, daß wir es sind, die Wehrkundeunterricht und Kinderpanzer haben!«
Er brach ab, selbst offenbar erstaunt über seinen eigenen Ausbruch. »Das als Einleitung für unseren Besuch in Weimar«, sagte er, nun wieder ruhig, und grinste verlegen.
Ich schwieg. Er hatte wahrscheinlich recht. So klar hatte ich

das noch nie gesehen. Die Gemeinsamkeiten zwischen den beiden deutschen Staaten waren wohl doch nicht so klein. Daß sie so aussahen, hatte ich mir allerdings noch nie überlegt. Und daß Christian alles so nüchtern und deutlich sah und zugleich gestand, daß er sich keinen Deut besser fühlte als Eltern und Großeltern, die damals tatenlos zugesehen hatten, das machte ihn mir noch sympathischer.

Wieder einmal stand ich vor der Frage, warum ich mich mit meinen Freunden hier so verbunden fühlte, und langsam dämmerte mir, woran es lag: Es war die gleiche Mentalität, die gleiche Einstellung im Umgang mit dem Alltag, der Hang zur permanenten Anpassung, die wehmütige Melancholie und vor allem der ständige Traum von einer besseren Welt und seiner dogmatischen und ordnungsbewußten Umsetzung.

Waren dies nicht die typischen Voraussetzungen, die totalitäre Strukturen ermöglichten? War es ein typisch deutsches Lebensgefühl, wenn die Erwachsenen bei uns fast wehmütig von den vergangenen Zeiten, vom Wiederaufbau nach dem zweiten verlorenen Krieg schwärmten, obwohl sich keiner dorthin zurückversetzen wollte?

Die jungen Leute, die ich bisher in Halle kennengelernt hatte, waren noch nicht soweit: Sie hatten zwar typisch deutsche Träume, aber sie hatten auch einiges von dem, was in ihnen vorging, durchschaut – so wie Christian. Vielleicht war auch dies ein Grund dafür, daß sie mir so gut gefielen, daß ich so fasziniert war.

Schweigend sahen wir beide zum Fenster hinaus, bis der Zug in Weimar hielt. Der Bahnhof lag etwas über der Stadt, in die wir erst später wollten: Zuerst sollte es nach Buchenwald gehen.

Eine Gruppe von Thälmann-Pionieren, mit den typischen roten Tüchern um den Hals, wartete bereits an der Bushaltestelle. Ich studierte die Straßen, die Häuser und Menschen.

Nichts Aufregendes. Ein sowjetischer Armeelaster röhrte an uns vorbei, eine dicke Abgaswolke hinter sich.
Als der Bus vorfuhr, drängelten wir uns mit den Pionieren, die alle so um die zehn Jahre alt waren, in das Innere. Das Lager Buchenwald befindet sich am Ettersberg, der Bus fuhr eine halbe Stunde bis dorthin. Kurz davor steht weithin sichtbar ein riesiger Glockenturm in einer weitläufigen Mahn- und Gedenkstätte: durch eine Mauer verbundene steinere Sockel, gekrönt mit dreibeinigen Flammenschalen. Jeder dieser steinernen Klötze steht für Angehörige einer Nation, die in dem Lager ums Leben gekommen waren. Die Anlage machte einen monumentalen Eindruck, einzelne Spaziergänger verloren sich in der steinernen Landschaft. Der Bus fuhr ziemlich schnell vorbei; die Thälmann-Pioniere hatten kaum einen Blick auf diese Gedenkstätte geworfen.
Vor dem eigentlichen Lager hielt der Bus auf einem riesigen Parkplatz; trotz der Sonne war der Wind kühl und ließ mich frösteln. Wir liefen an einer Selbstbedienungsgaststätte vorbei auf das Lager zu. Ich versuchte mir vorzustellen, wie es früher wohl hier ausgesehen haben mochte auf diesem Weg, der heute geteert und sorgfältig gefegt war: Hier waren vor vierzig Jahren die Häftlinge ins Lager gehetzt und geprügelt worden. Der Weg durfte nur im Laufschritt passiert werden, las ich im Lagerführer. Christian und ich gingen langsam auf das Lagertor zu, über dem in großen Buchstaben »Jedem das Seine« steht, eine zynische Inschrift über dem Schreckensort. Im rechten Flügel des Torgebäudes befand sich früher die Wachstube, im linken der Bunker, in dem die Gefangenen verhört und gefoltert wurden. Hinter dem Torgebäude erblickten wir eine riesige, leicht abfallende steinerne Landschaft. Wir standen auf dem weitläufigen Appellplatz, und ich hatte Mühe, mir hier Tausende von ausgemergelten Häftlingen in den bekannten gestreiften Anzügen vorzustellen. Zu

friedlich war es jetzt hier. Ich begann zu laufen, um allein zu sein.

An einem kleinen, dunkel getönten Gebäude traf ich Christian wieder. Schweigend gingen wir hinein, und erst nach einem zweiten, ungläubigen Blick verstanden wir den Sinn des Gebäudes: eine Genickschußanlage, offensichtlich eine Rekonstruktion, aber das änderte unsere Betroffenheit nicht. Von dort ein kurzer Weg durch die grelle Sonne, und wir standen im Krematorium: Vier parallele Öfen hatten hier vor gar nicht so vielen Jahren Tausende von Menschen verbrannt. Wieder versagte unsere Vorstellungskraft.

Die Thälmann-Pioniere, die wir dort wiedertrafen, schienen dagegen wenig beeindruckt; sie lachten und suchten in den Öfen nach übriggebliebenen Knochen. Christian hatte wohl recht gehabt, als er von einer Art »Staatsreligion des Antifaschismus« gesprochen hatte. Wie viele Kinder sich keine Vorstellung von Gott machen können, so fehlten ihnen hier Bilder für die brutale Wirklichkeit. Für sie war es ein Ausflug, von dem kaum viel hängenbleiben würde.

Wir standen wieder im Freien, wie erschlagen vom Unfaßbaren. Ich fühlte mich merkwürdig berührt, wohl weil ich zum ersten Mal in meinem Leben die Auswirkungen des Faschismus so greifbar vor mir hatte. In der BRD hatte ich nie ein KZ besucht, das einzige, was ich dem Namen nach kannte, war Dachau bei München. Aber das war weit weg von Köln. Ich hatte das Gefühl, daß hier in der DDR trotz allem ideologischen Mißbrauch die Auseinandersetzung mit dem Faschismus intensiver als bei uns ist. Die Ausstellung im Lagermuseum verstärkte diesen Eindruck noch. Sicher, man gab sich alle Mühe, das Interesse der Großindustrie an den billigen Arbeitskräften aus den KZs aufzuzeigen; man stimmte ein Loblied auf die Selbstbefreiungsaktion der Buchenwald-Häftlinge an – einen Tag, bevor das Lager befreit wurde, hatten sich die Häftlinge gegen ihre Bewacher erhoben. Nur in einer Fußnote fand sich die Bemerkung, daß dieser Teil Thüringens eigentlich von den Amerikanern und nicht von der »ruhmreichen Sowjetarmee« befreit wurde. Kein Wort auch darüber, daß das Lager nach dem Einmarsch der sowjetischen Truppen von den Russen zur Inhaftierung politischer Gefangener bis in die fünfziger Jahre hinein genutzt worden war, wie Christian mir erzählte.

Die Ausstellung war erschütternd und bewegte mich tief. Trotzdem schien manches eine Spur zu selbstgerecht: der ständige Hinweis darauf, daß Mörder und Wächter von damals heute unbehelligt in der BRD leben würden, der anklagende Satz im Lagerführer, die Mörder des 1944 im Lager umgekommenen Vorsitzenden der KPD, Ernst Thälmann, seien bekannt: »Die Blutspur führt nach Bonn. Kein Gericht in der BRD hat sie bis heute verurteilt.«

Ich hatte den Verdacht, und dabei mußte ich an Solschenizyns »Archipel Gulag« denken, daß hier im Grunde genommen nicht die Mittel verurteilt wurden, mit denen ein System arbeitete, nicht die Frage untersucht wurde, warum Menschen andere Menschen so quälen konnten und können, sondern daß es eigentlich nur um eine moralische Verurteilung des Kapitalismus und einer seiner Varianten, nämlich des Faschismus, ging. Das sagte ich auch zu Christian.

Bei diesen Gedanken würde ich nicht den notwendigen »Klassenstandpunkt« berücksichtigen, korrigierte er mich ironisch.

»Ich will ja nicht den Faschismus und den Sowjetkommunismus auf eine Stufe stellen«, sagte ich, »aber ist das ehrlich, so zu tun, als habe man nie etwas damit zu tun gehabt, als werde man nie etwas damit zu tun haben, mit solchen Methoden der Verfolgung? Die Lager in Sibirien beweisen ja, daß auch Kommunisten nicht viel aus der ›Barbarei des Faschismus‹ gelernt

haben, eine Formulierung, die hier immer wieder auftaucht!«
Christian wiegte nachdenklich den Kopf. »Aber das Argument ist doch ein anderes: Bei euch unterdrücken zehn Prozent der Bevölkerung den Rest, bei uns und in der SU ist es umgekehrt. Das ist im Prinzip doch ein Fortschritt, oder? Und damit die neunzig Prozent bei uns glücklich leben können, müssen eben einige von den restlichen zehn Prozent eingesperrt werden, oder nicht?«
Er sah mich scheinbar ernst an.
»Das kannst du doch nicht so meinen, oder?« fragte ich ungläubig.
»Natürlich nicht«, sagte er. »Das war *zu* ironisch, was?«
Ich nickte: »Komm, laß uns gehen. Ich finde es trotz der ideologischen Verdrehungen bedrückend.«
Wir fuhren zurück nach Weimar und besichtigten das Schillerhaus, danach das Goethemuseum. Als wir dann wieder auf der Straße standen, wo uns im grellen Sonnenlicht ein NVA-Soldat unter seinem Helm von einer großen Plakatwand grimmig entgegenlächelte, »bereit zum Schutz der Heimat und des Friedens«, das DDR-Emblem Hammer und Zirkel neben sich, da war mir klar, daß wir Deutschen offensichtlich nicht ohne Feindbilder auskommen konnten, hüben wie drüben, und ich mußte einfach meinen Arm um Christians Schultern legen.
Wir brauchten an diesem Tag nicht viel miteinander zu reden, wir verstanden uns auch so. Wir setzen uns in eine Kneipe und tranken nach einem kräftigen Essen einige Gläser Bier. Nach all den Erlebnissen waren wir in der Stimmung, heute so richtig einen loszumachen. Wir kauften in einem HO-Laden drei Flaschen ungarischen Weißwein und klingelten einen alten Freund von Christian aus seinem Nachmittagsschlaf, weil wir bei ihm übernachten wollten.
Als Christians Freund, er hieß Andreas, erklärte, er wolle seine Tocher von einer Bekannten abholen, war ich etwas irri-

tiert, weil Andreas im selben Alter wie Christian war und bereits ein Kind hatte. Christian klärte mich auf. In der DDR war es üblich, früh zu heiraten, zum einen wegen der großzügigen Kredite, die der Staat an junge Ehepaare vergab, zum anderen verkürzte sich für Verheiratete die Wartezeit auf eine eigene Wohnung um ein paar Jahre, und wer so früh wie möglich zu Hause ausziehen wollte, der heiratete eben. Die Folge war natürlich eine sehr hohe Scheidungsrate.

Wir machten eine Flasche Wein auf, und Christian erzählte mir, er kenne Andreas noch von der Zeit, als er in Weimar zur Schule gegangen sei. Dann setzte er sich an das Klavier im Wohnzimmer und spielte Blues. Ich hörte ihm zu und trank langsam aus meinem Weinglas.

Christian unterbrach sein Spiel und fragte mich: »Kannst du Mundharmonika spielen?«

»Ja, ein bißchen.« Ich genierte mich.

Er kramte eine Mundharmonika aus einer alten Holztruhe neben dem Klavier und gab sie mir. »Spiel doch mit!« forderte er mich auf.

Ich probierte ein bißchen, und dann spielten wir zusammen. Je länger wir improvisierten, desto besser klappte es. Auch hier funktionierte die Verständigung.

Später entdeckte ich in einer kleinen Rumpelkammer einen riesigen Schrankkoffer voller alter Klamotten: Anzüge, Hemden, Krawatten und Hüte. Aus einer Laune heraus begann Christian, mich umzuziehen. Er band mir eine viel zu lange Krawatte um und setzte mir einen alten Schlapphut auf, wie ihn ein Gangster im Chicago der Dreißiger getragen hätte, dazu noch eine dunkle Anzugjacke. Mir war das noch nicht genug. Ich zog die Jacke und mein Hemd aus, drehte es linksherum und ließ es mir von Christian auf dem Rücken zuknöpfen.

Nun zog sich auch Christian um. Er holte aus einer Winterjacke das Futter, und als er es auf links wendete, sah man auf weißgestepptem Untergrund rote fünfzackige Sterne. Dazu streifte er sich eine zu kurze und zu weite Hose über.

Wir betrachteten uns: Für DDR-Verhältnisse sahen wir verwegen aus und hätten gut und gerne wegen »Erregung öffentlichen Ärgernisses« eingesperrt werden können. Aber gerade in dieser Provokation lag der besondere Reiz.

Als Andreas mit seiner Tochter zurückkam, riß er nur stumm die Augenbrauen hoch. Die Klamotten hatte er vor Jahren aus dem Westen bekommen.

Wir verabschiedeten uns und liefen bis zum Weimarer Theater. Dort setzten wir uns zu Füßen von Goethe und Schiller, die sich über uns in Bronze gegossen die Hand gaben, und tranken unsere angebrochene Flasche Weißwein leer. Mehrmals blickten sich ältere Leute kopfschüttelnd nach uns um.

Dann reihten wir uns vor dem Studentenlokal »Kasseturm«, einem mittelalterlich anmutenden Gebäude, in die Schlange der Wartenden ein. Als wir vor den beiden Jungen standen, die kassierten, zeigte Christian den Ausweis eines Freundes ohne Lichtbild, der Student an der Kunsthochschule in Dresden war. Sie musterten Christian von oben bis unten und nickten dann. Er durfte hinein, doch seine Bitte, auch mich als seinen Freund hineinzulassen, lehnten sie ab, da ich keinen Studentenausweis besaß. Er ließ sich nicht beirren und diskutierte eine Weile mit den beiden. Aber erst als er beiden einen doppelten Whisky spendierte, winkten sie auch mich durch.

Als wir im »Kasseturm« die Treppe hochliefen, mußten wir beide lachen. »Ein hoher Eintritt«, sagte Christian, »aber Geld spielt ja keine Rolle!«

Wir betraten einen ovalen Saal, in dem in kunstledernen Sitzgruppen Studenten saßen und sich gelangweilt unterhielten. Im Hintergrund lief ziemlich leise Rockmusik.

Wir saßen eine Weile an der Bar und tranken Whisky. Wir hatten sehr gute Laune und unterhielten uns angeregt. Irgendwann knipste Christian rücksichtslos die Saalbeleuchtung an, und wir fingen lauthals an, uns über die Bilder einer Ausstellung, die an den Wänden hingen, lustig zu machen. Die Studenten sahen überrascht und etwas ärgerlich zu uns herüber, blieben jedoch ruhig sitzen.

Da bemerkte Christian einen Flügel in einer Ecke des Raumes. Er klappte den Deckel auf und stimmte einen fetzigen Boogie-Woogie an. Ich stand lässig neben dem Instrument, den Hut tief ins Gesicht gezogen, Zigarette im Mund, das Whiskyglas in der rechten Hand, und sah wohl ziemlich cool aus. In Wirklichkeit fühlte ich ich mich sehr unsicher.

Erst als sich ein paar Studenten hinter Christian stellten und im Rhythmus der Musik bewegten, verschwand dieses Gefühl. Irgend jemand hatte die Rockmusik abgeschaltet, und von da an war Christian der Mittelpunkt des Abends. Plötzlich tauchte ein ziemlich angetrunkener Mann Anfang dreißig auf, packte einen kleinen Koffer auf den Flügel, machte ihn auf: Schnell hatte er seine Karinette zusammengebaut. Er sah Christian ernst an, setzt das Instrument an die Lippen und spielte. Kein falscher Ton war zu hören; es klang so, als ob die beiden schon Jahre zusammen spielen würden.

Ich tanzte spontan mit ein paar Studenten zu der Musik der beiden. Als mir das Whiskyglas aus der Hand fiel und das teure Getränk über den Boden spritzte, zuckte ich nur lachend die Achseln. Mir fiel plötzlich auf, daß eine solche Szene bei uns undenkbar wäre – wer kümmerte sich schon darum, wenn sich in einer Kneipe jemand ans Klavier setzte und Blues spielte? Hier in der DDR war es bestimmt ungewöhnlicher, wenn Leute so auftraten wie Christian, derart die Initiative ergriffen!

Wir gingen erst, als das Studentenlokal um eins zumachte, vollgepumpt mit dem heutigen Abend.

6

Mittwoch, halb sechs morgens. Der Wecker rasselte unerbittlich. Christian brummte unwillig neben mir auf dem Sofa. Der gestrige Abend steckte uns beiden noch in den Knochen. Wir mußten so früh aufstehen, weil Christian um neun Uhr in Halle wieder hinter der Kasse in seiner Buchhandlung stehen mußte. Christian stand auf und zog mir die Decke weg. Träge versuchte ich, ihn davon abzuhalten, aber bei meinem Zustand war er natürlich schneller. Ich taumelte schlaftrunken in die Küche und wusch mich flüchtig, während Christian Kaffee kochte.

Er trieb mich zur Eile, weil wir sonst den Zug verpassen würden. Notgedrungen schüttelte ich meine Müdigkeit ab und wir erwischten so gerade eben den Bus zum Bahnhof, die Frühstücksbrote noch in der Hand. Im Zug dauerte es nicht lange, und wir beide waren wieder eingeschlafen.

Wenige Kilometer vor Halle wachte ich auf, Christian schlief noch in einer Ecke des Abteils. Ich wollte ihn noch nicht wachmachen, betrachtete statt dessen in der Scheibe mein verpenntes Gesicht mit den dunklen Rändern unter den Augen. Als die Landschaft hinter meinem Spiegelbild deutlicher wurde, fiel mir ein, wie ich noch vor wenigen Tagen hier gesessen hatte, voller Angst vor den unbekannten Dingen, die mich erwarteten. Mir wurde bewußt, wieviel ich bereits erlebt hatte.

Ich weckte Christian, als der Zug in Halle hielt, und wenige Minuten später liefen wir beide mit dem miesen, säuerlichen Geschmack, den ein versoffener Abend bringt, durch die Innenstadt.

Ich begleitete Christian noch bis zur Buchhandlung, und nachdem wir uns umarmt hatten, spazierte ich beinahe beschwingt zu Ralf. Er war natürlich nicht da, wieder zur

Arbeit. Ich legte mich ins Bett und schlief sehr unruhig. In meinen Träumen kreisten Whiskygläser und Bilder von der Mauer in Berlin. Ich sah mich auf westlicher Seite in einem Käfer sitzen und beobachtete im Rückspiegel, wie Angelika über die Mauer kletterte, im Spiegel größer und größer wurde, bis die Wagentür geöffnet wurde und sie sich derart heftig auf den Beifahrersitz fallen ließ, daß ich die Erschütterung spürte. Ich schlug die Augen auf: Angelika saß auf der Bettkante und lächelte mich an.
»Unverschämtheit«, sagte sie mit gespieltem Ärger, »du liegst im Bett, und ich mußte in der Schule sitzen!«
»Tja, das ist eben der Klassenunterschied« lachte ich.
Sie knuffte mich in die Seite. Ich wälzte mich aus dem Bett und erzählte ihr von dem Abend im »Kasseturm«, während ich mich anzog. »Und was machen wir jetzt?«
»Wir gehen jetzt essen, und zwar zu mir nach Hause«, antwortete sie. »Meine Mutter wartet schon auf uns, sie hat heute ihren freien Tag. Sie kocht extra für uns!«
»Sonst ißt du immer in der Schule?«
»Ich habe dir doch schon in Berlin erzählt, daß meine Eltern beide im Krankenhaus arbeiten. Da müssen mein Bruder und ich eben für uns selber sorgen.«
Wir liefen los, es war tatsächlich schon ziemlich spät. Es dauerte nicht lange, und wir standen vor der Haustür eines zweigeschossigen Reihenhauses. Angelikas Eltern waren sicher nicht die Ärmsten. »Verdienen deine Eltern gut?« fragte ich.
»Für unsere Verhältnisse viel, weil beide arbeiten.«
»Wieviel bekommt denn ein Arzt?«
»Ich schätze so um die tausendfünfhundert.«
»Wenn ich das mit dem Einkommen unserer Ärzte vergleiche, ist das ja ganz schön wenig«, sagte ich.
Sie schloß die Haustür auf. Ein langer Flur führte direkt ins Wohnzimmer, in der Küche daneben war der Tisch für drei

Personen gedeckt. Angelikas Mutter stand am Herd. Sie war Anfang vierzig und hatte genau so schönes langes Haar wie Angelika, nur war es bei ihr zu einem Knoten hochgesteckt, der ihrem Gesicht einen etwas strengen Ausdruck verlieh. Sie betrachtete mich aufmerksam, während sie mir die Hand schüttelte.

»Ich dachte schon, ihr kommt nicht mehr«, sagte sie dann mit leicht vorwurfsvollem Ton zu Angelika.

Wir setzten uns an den Tisch, und Angelikas Mutter füllte unsere Teller mit Eintopf und Mettwurst. Die ersten Minuten löffelten wir schweigend, dann stellte mir die Mutter die üblichen Fragen: wo ich herkomme, was ich machen würde, wer meine Eltern seien und so weiter.

Nach dem Essen gingen Angelika und ich nach oben. Ihr Zimmer war groß und hell. In der Mitte stand ein flacher Tisch, darum Kissen und Matratzen als Sitzgelegenheit. In einer durch einen Vorhang abgedunkelten Ecke stand ein niedriges Bett, die Klamotten stapelten sich in einem offenen Gestell unter den Bücherregalen.

»Darf ich mich mal umsehen?«

»Na klar, nur zu! Ich muß sowieso erst meine Matheaufgaben machen.«

Angelika setzte sich an ihren Schreibtisch und packte die Schultasche aus, während ich in Zeitungen blätterte, die sich neben dem Tisch stapelten.

Eine Zeitung hieß »Junge Welt« und wurde täglich von der FDJ herausgegeben. Berichtet wurde von Initiativen und Beschlüssen von FDJ-Gruppen, ein Kommentar forderte die Steigerung der »Lernaktivität«. Eine Reportage schilderte den »beispielhaften Einsatz« einer Freundschaftsbrigade der FDJ in Angola. Die »Botschafter im Blauhemd« hatten dort Traktoren und Lkws sowjetischer Bauart zu reparieren; daneben fand sich ein groß aufgemachter Aufruf zu »Soli-Beiträgen« für das

»von US-Imperialisten bedrohte Nicaragua«. Auf der nächsten Seite ein Bericht über die letzte Wehrspartakiade der GST, der Gesellschaft für Sport und Technik: Der Autor faßte seine Begeisterung über die »wehrsportliche« Betätigung der FDJ in derartige Floskeln, daß es schon peinlich wirkte. Was sollten solche Sätze wie »Gehorsam ist den Jungen in Fleisch und Blut übergegangen, sie wissen, worauf es ankommt, nämlich daß Disziplin heute mehr denn je die Mutter des Sieges ist«? Ich konnte nur den Kopf schütteln. Glaubte man durch solche Phrasen irgendeinen Jugendlichen motivieren zu können?
Unter dem Zeitungsstapel fand ich ein farbiges Heft im DIN-A-5-Format: »Neues Leben«, Wochenzeitung der FDJ. Ich blätterte darin und stellte fest, daß es sich um die sozialistische Ausgabe einer Lebenshilfezeitung für Jugendliche zu handeln schien.
Eine große Foto-Story schilderte die Probleme, die Monika durch den Wehrdienst ihres Freundes Peter entstanden, weil sie sich natürlich in dessen besten Freund verliebte, während Peter im Kampfanzug durch den Schlamm robbte. Dazu war eine Diskussion abgedruckt, in der es um Probleme in Partnerschaften ging, um Treue, vorehelichen Geschlechtsverkehr und Empfängnisverhütung. In einem langen Vorspann hieß es unter anderem: »Ein harmonisches Paar sollte sich aneinanderschmiegen, um größte Kontaktflächen herzustellen, möglichst ohne empfindungsmindernde Kleidungsstücke.«
Nachdenklich legte ich das Heft wieder an seinen Platz. Die Verantwortlichen in der DDR nutzten offensichtlich jede Möglichkeit, die Jugendlichen in allen Problembereichen anzusprechen und sie nach ihren Vorstellungen auf den Weg zu führen, der der Herausbildung der »sozialistischen Persönlichkeit« diente. Bei dieser dauernden Beeinflussung hatten es sich die Erziehungsplaner der DDR selbst zuzuschreiben, daß

die geforderte Begeisterung der Jugend für »ihren« Staat ausblieb.
Später zeigte Angelika mir ihre Urkunden und Zeugnisse: »Das ist eine Urkunde über meine Leistungen im Lehrjahr der FDJ«, sagte sie, setzte sich neben mich auf den Boden und zeigte mir das erste Blatt.
Ich las: »Die Jugendfreundin Auerbruch, Angelika erhielt für die bestandene Prüfung das Abzeichen für gutes Wissen in Bronze.« Darüber stand ein Spruch von Karl Marx: »Es gibt keine Landstraße für die Wissenschaft, und nur diejenigen haben Aussicht, ihre heiligen Gipfel zu erreichen, die die Ermüdung beim Erklettern ihrer steilen Pfade nicht scheuen.«
»Aha, sehr schön«, lobte ich.
Sie zeigte mir eine weitere Urkunde, schon etwas älter: »Angelika Auerbruch nahm im Genre Rezitation an der Kreisspartakiade der Volkskunst für Kinder und Jugendliche im Rahmen der Veranstaltungen zu Ehren des X. Parteitages der SED teil und erhielt das Prädikat ausgezeichnet.«
»Ich mußte zwei Gedichte vortragen«, erklärte sie knapp.
Als nächstes zog sie ein Sportabzeichen aus ihrer Mappe, das Kindern und Jugendlichen – »Bereit zur Arbeit und zur Verteidigung der Heimat« – verliehen wurde. Sie hatte noch einen Haufen anderer Abzeichen und Urkunden von Wettbewerben, die alle aus bestimmten Anlässen stattgefunden hatten, sei es in »Vorbereitung des 30. Jahrestages der DDR«, sei es anläßlich des »35. Jahrestages der Befreiung vom Faschismus«.
»Du mußt nicht denken, daß ich besonders gut bin. In der DDR kann man in allen Lebensbereichen Urkunden, Medaillen, Orden und Auszeichnungen bekommen«, sagte sie.
Endlich kamen die Zeugnisse ans Licht: »Hier, das ist vom letzten Jahr.« Ich überflog die Liste der Fächer und Noten. »Wirklich nicht schlecht«, sagte ich dann anerkennend. »Und das bei dem Haufen Stoff!«

Sie wehrte mein Lob bescheiden ab.
»Darf ich auch die Beurteilung lesen?« Ich wies auf die halbe Seite maschinengeschriebenen Textes auf dem Blatt.
»Natürlich.«
Dort stand: »Angelika ist eine vielseitig begabte Schülerin mit einem weitgesteckten Interessenspektrum. Sowohl auf technisch-manuellem wie auch auf musisch-künstlerischem Gebiet sind ihre Fähigkeiten zum Teil außerordentlich gut entwickelt, wobei Angelika der Gefahr einer Zersplitterung ihrer Möglichkeiten entging. Ausgeprägter Kollektivgeist erwarb ihr die Achtung ihrer Klassenkameraden. Auch in diesem Schuljahr vermochte sie ihren Leistungsstand zu verbessern. Sie ist offen und ehrlich in der Meinungsäußerung, wobei sie insgesamt eine positive Grundhaltung einnimmt.«
»Positive Grundhaltung?« Ich sah sie zweifelnd an.
»Das war letztes Jahr. Seitdem hat sich einiges geändert«, antwortete sie. »Da war ich in politischen Dingen noch ein naiver Mitläufer, strebsam und erfolgreich. Heute sehe ich vieles anders.«
»Und du meinst, deswegen bekommst du den Studienplatz in Psychologie nicht?«
»Nicht nur deswegen. In Psychologie gibt es nun mal sehr wenig Studienplätze. Aber mitentscheidend wird meine ideologische Haltung sicher sein, wenn im September über Studium oder Nichtstudium entschieden wird.«
Ich schwieg nachdenklich, Angelika sah ihre Situation sehr kühl und nüchtern.
Während Angelika sich wieder an ihre Aufgaben setzte, blätterte ich in einem Lehrbuch für die neunte Klasse: »Zivilverteidigung«. Ich las ein paar Aufgaben, die die Schüler lösen sollten: »Beweisen Sie die Feststellung, daß die Imperialisten vor dem Einsatz von Massenvernichtungsmitteln nicht zurückschrecken«, »Erläutern Sie, warum die Mitarbeit in der Zivilver-

teidigung eine patriotische Aufgabe und ein Beitrag zum militärischen Schutz des Sozialismus ist!« und »Leiten Sie aus den Methoden der Imperialisten, Kriege zu beginnen, die Notwendigkeit von Maßnahmen der Zivilverteidigung ab! Bedenken Sie dabei vor allem die Tatsache, daß die Imperialisten den heimtückischen Überfall bevorzugen und auch der überraschende Kernwaffenüberfall nicht auszuschließen ist!«. Ein paar Seiten später las ich über Helden: »Als Held wird man nicht geboren. Helden und Heldentaten sind das Ergebnis von Erziehung und Ausbildung. Eine Heldentat zu vollbringen, dazu reicht der Wille allein nicht aus. Auf Heldentaten bereitet man sich vor, indem man den täglichen Anforderungen der Schule, der Arbeit und der Tätigkeit in der FDJ-Gruppe nach Kräften nachkommt; sich kommunistische Persönlichkeitseigenschaften aneignet; hilft, den Sozialismus auch militärisch zu stärken, und sich aktiv auf die Landesverteidigung vorbereitet.« Du meine Güte, dachte ich.

Angelika packte ihre Unterlagen zusammen und setzte sich wieder neben mich. »Schluß für heute«, sagte sie.

Wir schwiegen und sahen uns lange an. Dann rückte sie näher, und wir küßten uns lange. Wir lagen nebeneinander, und sie fragte, ob ich in Köln eine Freundin hätte. Ich erzählte ihr von meiner Freundschaft mit Antje und wie sie im September zu Ende gegangen war.

Wir unterhielten uns noch sehr lange und spazierten dann langsam Hand in Hand zu Ralf. Der war wieder mal nicht da, dafür hatte er einen Zettel auf dem Küchentisch liegengelassen: »Du sollst bei Christian vorbeischauen, Bäckergasse 11. Ralf.«

Schnell schmierten wir uns ein paar Schmalzbrote und machten uns auf den Weg zu Christians Wohnung. Sie lag wie Lutz' Bude in einem Hinterhof in der Altstadt.

Christian machte die Wohnungstür auf, und ich bemerkte es

an seinen Blick: Er war erstaunt daüber, Angelika und mich Hand in Hand vor ihm stehen zu sehen.

»Kommt rein.«

Seine Wohnung erinnerte mich an die von Peter aus Ost-Berlin – ein kleiner Raum mit Braunkohleheizung und einer abgetrennten Kochecke. In der Bude herrschte ein einziges Chaos, aber es war gemütlich. Ich sah mich neugierig um, und Christian korrigierte meinen ersten Gedanken sofort: »Glaub nur nicht, daß ich hier nichts mehr wiederfinde! Im Gegenteil!«

Ich lachte nur, und wir setzten uns an einen dreibeinigen runden Tisch, auf dem zwei volle Aschenbecher inmitten eines Geschirr- und Lebensmittelberges standen. Christian zauberte aus irgendeiner Ecke drei saubere Weingläser hervor und füllte sie mit bulgarischem Rotwein: »Auf uns!«

Wir tranken, während Christian noch an einer Schnitte Brot kaute. Und bevor ich fragen konnte, sagte er: »Ich habe mir gedacht, wir gehen heute abend zur JG.«

»Zur Jungen Gemeinde?«

»Genau.«

»Und was passiert da?«

»Das ist verschieden«, wich Christian aus. »Die Jungen Gemeinden sind eine Einrichtung der evangelischen Kirche, eigentlich dafür gedacht, um Kirche und Religion für junge Leute populärer zu machen. Es gibt JGs, die sind sehr fromm und beschäftigen sich mit Bibelauslegung und solchen Sachen, die etwas fortschrittlicheren dagegen auch mit politischen und ökologischen Problemen. Letztes Jahr gab es zum Beispiel eine symbolische Baumpflanzaktion gegen das Waldsterben. Und ohne die JG wäre die ›Schwerter-zu-Pflugscharen‹-Bewegung überhaupt nicht vorstellbar.«

»Und wie reagieren Staat und Stasi? Ich meine, so etwas muß denen doch ein Dorn im Auge sein?« fragte ich.

»Natürlich. Die Stasi ist meistens gut informiert, was da so läuft. Die hat ihre Spitzel, und wir haben auch schon mal ein Abhörgerät gefunden. Und wenn man abends nach den Veranstaltungen nach Hause geht, wird man gern von Streifenwagen wegen irgendwelcher Kleinigkeiten angehalten. Aber solche Schikanen bestätigen eher, als daß man sich einschüchtern läßt.«

Wir brachen auf, als der Wein leer war. Ich war gespannt auf den Abend. Um das Pfarrhaus der Kirche, der die JG angeschlossen war, ging es herum, eine schmale Treppe führte in einen Keller hinunter. Links neben dem Abgang befand sich in einem Schaukasten die Ankündigung eines Jugendgottesdienstes unter dem unverblümten Motto: »Glotz beim Loben nicht immer nach oben, schau mal zur Seite, dann siehst du die Pleite«; heute abend war eine Meditation vorgesehen.

Na schön, dachte ich, ich bin bereit, mich auf alles einzulassen. Wir gingen in den Keller hinunter. Er war nicht groß, bot höchstens Platz für fünfzig Leute, dafür war er toll eingerichtet: Teppiche und bunte Batiktücher an den Wänden, kleine mit Kissen ausgekleidete hölzerne Sitzgruppen um alte Bierfässer, auf denen Kerzen brannten, das Deckenlicht war abgedunkelt. Hinter einer niedrigen Theke kochten zwei Jungen Tee, ein Räucherstäbchen verglimmte vor ihnen, an der Wand hing ein großes Poster mit einem schmerzverzerrten Jesusgesicht darauf, daneben stand: »angeklagt der Anstiftung zum Frieden«.

Rund zwanzig Jugendliche saßen auf den Stühlen. Auf einem alten Klavier stand ein Diaprojektor. Wir drei setzten uns an einen der freien Tische. Mir fiel auf, daß Neuankömmlinge offen und vertrauensvoll begrüßt wurden. Die meisten schienen sich zu kennen und sich hier wohl zu fühlen.

Gegen halb acht schaltete irgend jemand das Licht aus, nachdem der Projektionsapparat angeworfen und ein Glas mit

Wasser vor die Linse gestellt worden war, in das nun einer aus kleinen Fläschchen rote und blaue Flüssigkeit tropfen ließ. Auf der freien Wand des Raumes konnte ich beobachten, wie sich die Farben langsam durchmischten, in Wirbeln und Wölkchen aufstiegen oder sanken. Aus der Stereoanlage klang leise Musik von Pink Floyd. Die meisten Jugendlichen saßen oder lagen auf dem Teppichboden und träumten vor sich hin.

Ich faßte nach Angelikas Hand und ließ sie erst wieder los, als nach einer halben Stunde das Saallicht wieder aufdämmerte. Langsam füllte sich der Raum wieder mit Gemurmel. Christian machte mich mit einem Freund, Oliver, bekannt, und bald kamen wir ins Gespräch.

Ich fragte Oliver, warum er zur Jungen Gemeinde ging.

»Also erst einmal glaube ich an Gott«, sagte er ehrlich, »und dies ist in der DDR eine der wenigen Möglichkeiten, mein Christsein zu leben.«

»Macht ihr hier auch politische Dinge?«

»Das bleibt nicht aus«, sagte er. »Jesus war ja schließlich auch ein politischer Mensch. Wir machen Friedenswerkstätten, pflanzen Bäume, diskutieren über sozialen Friedensdienst.«

»Was sagt denn euer Pastor dazu, wenn ihr so heiße Themen aufgreift?«

»Das geht natürlich nicht immer gut, weil manchen Pfarrern solche Themen nicht schmecken. Aber unser Pfarrer steht voll auf unserer Seite.«

»Aber ihr habt doch meistens abweichende Meinungen von den staatlichen Vorstellungen, oder?«

»Stimmt, und darum wird auch ganz schön Druck auf uns ausgeübt. Aber die sind vorsichtig dabei, weil sie wissen, daß sie es mit der ganzen Kirche zu tun bekommen, wenn sie zu weit gehen.«

»Meinst du, deswegen kommen viele hierher?«

»Sicher. Aber auch deswegen, weil man hier sehr offen miteinander umgeht. Das Klima ist fast familiär, viele dieser Leute besuchen sich in ihren Wohnungen, man ist unter sich.«
»Aha«, sagte ich, »aber ist das nicht so eine Art Ghetto?«
»Na ja«, räumte Oliver ein. »Hier drinnen können wir fast alles sagen oder machen, das stimmt, aber sobald wir etwas davon nach außen tragen wollen, versuchen ›sie‹ einzuschreiten. Die begreifen einfach nicht, daß man nicht gegen diesen Staat ist, wenn man nicht die gewohnten Formen einhält.«
»Ihr seid also gar nicht gegen den Sozialismus?«
»Das ist gar keine Frage für uns«, antwortete Oliver überzeugt. »Wir sind nur gegen dieses kleinbürgerliche Denken hier, und dafür werden wir von den Funktionären mit Verdächtigungen überhäuft. Nicht, weil wir den Sozialismus in Frage stellen, sondern deren kleine, heile, eingefahrene Welt.«
»Ich verstehe.«
Die Welt hinter dem großen Zaun war ja gar nicht so anders, wie man bei uns immer den Eindruck hatte. Auf jeden Fall war sie anders, als sich dies manche bei uns vorstellten.
Oliver wandte sich an Christian: »Kommst du noch mit zu Annette?«
»Was ist denn da heute los?« fragte Christian zurück.
»Annette erzählte irgendwas von einer kleinen Fete. Du weißt ja, wie das läuft.«
Christian nickte. Ich hatte zugehört und sah ihn fragend an.
»Annette ist eine Bekannte von mir, sehr ausgeflippt und sehr nett. Hat früher mal als Kindergärtnerin gearbeitet und schlägt sich heute mit Nachtwachen im Krankenhaus durch.«
»Kann ich mitkommen?« fragte ich schüchtern.
»Klar, wenn Annette zu einer ›kleinen Fete‹ einlädt, ist es bestimmt gerammelt voll.«
Wenig später liefen Angelika, Christian, Oliver und ich durch strömenden Regen in die Altstadt hinein. Es blitzte und don-

nerte; mich fröstelte. Endlich kamen wir in einen trockenen Hinterhof und gingen in den dritten Stock. Neben Annettes Wohnungstür hing ein großes Plakat: ein Papierkorb mit einem Spielzeuggewehr darin, mit der Überschrift »Zum Beispiel«. Laute Musik und Gesprächsfetzen drangen durch die Tür.

Ein grellgeschminkter Junge mit Igelhaarschnitt machte die Tür auf und ließ uns rein. Wir kamen in die Küche, in der dichtgedrängt ein buntes Publikum stand. Eine Frau um die dreißig mit einem T-Shirt mit einem großen A im Kreis darauf schmierte sich am Geschirrschrank ein Schmalzbrot, auf einem alten Gasherd pfiff ein Wasserkessel, um den sich keiner kümmerte, zwei Mädchen in viel zu großen Männerhemden drehten sich Zigaretten, hinter dem Küchentisch hatte jemand mit grüner Farbe »Wissen ist Macht, wir wissen nichts, macht nichts« an die Wand gesprüht.

Wir drängelten uns durch bis zum nächsten Zimmer. Hier standen oder saßen um die fünzig Leute. Der Raum war ganz in Weiß gestrichen, an den Wänden nur ein paar zerknickte Fotografien und Plakate. Das Inventar bestand aus alten Matratzen und reparierten Sperrholzmöbeln. Vor einem Schreibtisch saßen zwei langhaarige Jungen und probierten auf ihren Gitarren, obwohl aus einer halbdefekten Musikanlage laut und verzerrt David Bowie schallte. Ein großer Typ in einer alten Lederjacke mit einem Netzhemd darunter ging mit einem Hut herum und sammelte Geld.

»Für Bier«, rief er immer wieder und deutete auf seinen Hut. Ich konnte mich nicht sattsehen an dieser Szene. Überall standen oder lagen kleine Grüppchen von jungen Leuten zusammen, diskutierten und erzählten, ohne sich in der drangvollen Enge stören zu lassen. In einer Ecke saßen zwei Punks mit glasigen Augen und starrten in die Menge. Neben mir diskutierten vier Schüler über eine geplante Wohnungsbesetzung. Oliver zeigte auf eine Ansammlung von Leuten, die einem wild gestikulierenden Mann zuhörten, zwei saßen daneben und blätterten in einem Stoß Papier.

»Die spielen zusammen Theater«, erklärte Oliver. »Und der da drüben« – er zeigte auf einen bärtigen Mann Ende zwanzig, der sich gerade mit einer blonden Frau mit einer orangeroten Strähne im Haar unterhielt – »schreibt Gedichte, wirklich schöne Gedichte. Letzte Woche hat er eine private Lesung gegeben.«

»Wirklich interessant hier«, sagte ich und fragte neugierig: »Das ist also die Szene von Halle?«

Christian hatte meine Bemerkung gehört. »Eine richtige Szene gibt es hier nicht«, widersprach er mir. »Alles ist sehr ungebunden und locker hier. Es gibt nichts Festes, nichts wiederholt sich. Wenn etwas passiert, dann auf Privatinitiative hin.«

»Aber so viele verschiedene Typen müssen doch einen gemeinsamen Nenner haben?«

»Natürlich kennen sich viele und tauschen ihre Probleme aus. Aber von den Aktivitäten her ist es ein Auf und Ab.«

»Aber wieso? Das verstehe ich nicht!«

Christian überlegte. »Du findest nicht immer die Kraft dazu.«

Oliver unterbrach ihn: »Das hat nicht nur was mit dem staatlichen Druck zu tun, sondern du merkst selbst, daß solche Aktionen dir wie ein letztes Aufbäumen vorkommen, immer am Rand der Niederlage. Das kannst du nicht zu oft riskieren.«

»Von was für Aktionen redet ihr überhaupt?« Ich verstand nun wirklich nichts mehr.

Christian und Oliver überhörten meine Frage, weil in diesem Augenblick eine Frau um die Fünfundzwanzig mit langen, krausen Haaren neben uns auftauchte und uns dreien ein Zettelchen in die Hand drückte.

»Fahrraddemo. Morgen«, erklärte sie knapp und ging zur nächsten Gruppe.

Ich öffente verdutzt meine Hand und las auf dem Stück Papier »15 Uhr«, die Namen zweier Plätze in Halle und »Richtung: VEB Buna«.

»Was bedeutet das?«

»Das siehst du doch«, lachte Oliver. »Morgen um 15 Uhr treffen wir uns an den beiden Plätzen mit Fahrrädern. Die beiden Kolonnen werden sich in der Stadtmitte treffen und von da aus zum Chemiewerk Buna fahren.«

»Aber warum?«

»Eine Demo! Gegen Luftverschmutzung und das Waldsterben. Radfahren ist auch bei uns ein Markenzeichen für Umweltbewußtsein. Ich habe jedenfalls keine Lust, acht Jahre im voraus einen Wagen zu bestellen. Außerdem verpestet er die Luft.«

»Hm«, murmelte ich, »ist denn so etwas überhaupt erlaubt?«

»Radfahren ist doch nicht verboten, und wenn sich zufällig ein paar Leute treffen und den gleichen Weg haben, entsteht eben wie ganz nebenbei eine Demonstration. Das muß dann so organisiert werden, daß die Firma nichts mitkriegt.«

Christian kam meinen Fragen zuvor: »Firma ist der Staatssicherheitsdienst. Und gefährlich ist es auch nicht. Bisher ist noch nie etwas passiert. Du kannst ruhig morgen auch mitfahren. Ich besorge dir ein Rad.«

Ich nickte zögernd, weil ich mir die ängstliche Frage stellte, ob ich als Westdeutscher nicht doch gefährdeter war als meine Freunde. Aber ich schob meine Bedenken zur Seite und sah in der Demo vor allem ein Abenteuer. Spannender als bei uns würde es bestimmt werden. Ich fragte noch ein paar Einzelheiten, aber ich vertraute Christian und Oliver. Angelika versicherte mir ebenfalls, daß ich mir keine Sorgen machen sollte. Gegen elf wurde ich sehr müde, weil die intensiven Tage hier doch viel Kraft kosteten. Angelika kam mit mir zu Ralf, und als ich neben ihr im Bett lag, schlief ich glücklich und zufrieden ein.

7

Ich tastete nach Angelika, aber ich fühlte nichts. Erschreckt machte ich die Augen auf, sah mich um – sie stand vor dem Bett und zog sich gerade die Hose über. Ein Blick auf den Wecker, es war halb acht.

»Du willst doch nicht schon gehen«, fragte ich, obwohl ich die Antwort bereits kannte, und räkelte mich. Das Bett neben mir war unberührt, Ralf mußte also woanders übernachtet haben.

»Doch, ich muß. Leider. Ich würde jetzt auch viel lieber hierbleiben.«

»Kannst du nicht mal ein paar Stunden blaumachen? *Wir* können uns selbst entschuldigen.«

»Ja – ihr!«

Das hätte ich mir denken können, bei der strengen Disziplin in den DDR-Schulen war so etwas natürlich nicht drin.

»Holst du mich um eins von der Schule ab?«

Ich nickte nur, sie küßte mich noch, und weg war sie. Ich schlief wieder ein.

Ralf weckte mich um zwölf, als er von der Arbeit wiederkam. Ich vergewisserte mich, daß es noch nicht zu spät war, um Angelika abzuholen, und ärgerte mich ein bißchen, weil ich meinen letzten Tag in der DDR zur Hälfte verschlafen hatte. Ralf fragte mich, was wir die letzten Tage unternommen hatten, und während ich frühstückte und er abwusch, erzählte ich ihm von unseren Erlebnissen.

Als ich Angelika abholen wollte, ging er mit. Sie wartete bereits vor der Schule. Wir aßen im »Ratskeller« zu Mittag und trafen dort Christian. Schweigend aßen wir, jeder hing seinen Gedanken nach. Bei mir verdrängte die sich unerbittlich nähernde Abreise alle Freude an einer Unterhaltung.

Ralf mußte zu seiner Arbeit zurück, während Christian das Fahrrad für mich abholen wollte. Angelika und ich machten einen langen Spaziergang durch die Stadt und landeten schließlich in einem kleinen Park, der etwas höher gelegen war. Wir waren beide froh, hier sitzen zu können, ohne viel zu reden. Ich dachte daran, wie es mit uns angefangen hatte, auf dem Friedhof in Ost-Berlin.

Vielleicht hatte es ja sein Gutes, daß ich morgen zurückfahren mußte und viel Zeit zum Nachdenken über dieses Land und meine Freunde haben würde. Außerdem würde ich wiederkommen, und diese Überlegung tröstete mich ein wenig.

»Merkst du, wie gut die Luft hier ist?« fragte mich Angelika nach langem Schweigen.

»O ja«, bestätigte ich, »es ist schön, hier im leicht kühlen Wind zu sitzen, während in der Stadt die Industrie- und Autoabgase echt penetrant sind.«

»Ja, beim Umweltschutz haben wir es wirklich noch nicht weit gebracht. Hier in Halle werden die Menschen sogar häufiger krank als anderswo in der DDR, die Bäume sterben am Rauch, und wir, wir sitzen mittendrin«, sagte Angelika nachdenklich. »Nicht umsonst ist diese Demo heute nachmittag angesagt.«

»Ich finde es gut, daß so etwas überhaupt passiert. Bei uns hört man über solche Aktionen in der DDR kaum etwas.«

»Ich fürchte, hier sieht es in puncto Luftverschmutzung doch erheblich schlimmer aus als bei euch, weil wir sehr viel mit Braunkohle heizen. Die Wälder im Erzgebirge zum Beispiel sind schon ziemlich kaputt, da stehen fast nur noch vertrocknete Stümpfe.«

Wir schwiegen wieder. Dann sah Angelika mich an und fragte: »Kannst du wirklich nicht länger bleiben? Von der Verlängerung deines Visums her ist das kein Problem.«

»Du weißt doch, das geht nicht«, sagte ich traurig. »Übermorgen sitze ich bereits mit meinen Eltern im Auto und fahre in die Toskana.«

»Italien, nicht wahr?«

»Ja«, antwortete ich gedehnt.

»Italien … Mir fällt da ein FDJ-Lied ein, das fängt an mit ›Wir sind jung, die Welt ist offen‹. Ganz schön zynisch, was?«

Ich schüttelte nur betrübt den Kopf. Unsereins reiste in Europa herum, während meine Freunde ihr Leben in diesem spießbürgerlichen Land absaßen. Es war zum Heulen, aber unerbittliche Wirklichkeit.

Um halb drei verließen wir den Park und gingen zu Christian. Bevor wir auf die Räder stiegen, erzählte er mir von der letzten selbstorganisierten Fahrradfahrt in ein Waldstück bei Leuna. Dort sollten die Schäden inspiziert werden, die die Chemiewerke Leuna mit ihren Abgasen im Wald verursachten. Die Veranstaltung wurde damals verboten, mit dem Argument, man lasse sich keine Umweltdiskussion aufzwingen!

Langsam wurde ich doch ängstlich, aber Christian und Angelika versicherten mir, noch nie wäre jemand verhaftet worden. Nur Mut, redete ich mir ein. Richtig überzeugen konnten mich die beiden zwar nicht, aber ich fuhr dennoch mit.

Am Treffpunkt warteten bereits um die vierzig Leute mit ihren Rädern. Ein paar hatten Gasmasken dabei, um so gegen die Luftverschmutzung zu protestieren. Es war zehn nach drei, als wir endlich die Straße in Richtung Stadtmitte hinunterfuhren.

In der Masse der Radfahrer fühlte ich mich sicher. Was sollte schon groß passieren?

Die Frage erübrigte sich schnell, denn wir kamen nicht weit. Bereits an der nächsten Kreuzung standen drei Streifenwagen, ein halbes Dutzend Volkspolizisten lehnte sich an die Autos, einer gab uns ein Zeichen, daß wir anhalten sollten. O je, dachte ich, jetzt bist du reif. Doch man wollte unsere Papiere nicht sehen, sondern begann langsam, die Verkehrssicherheit der Räder zu überprüfen. Mir zitterten die Hände, als ich mein Licht anschalten mußte, eine Proberunde drehte und schließlich meine Bremsen vorführen mußte. Die Überprüfung dauerte mindestens eine halbe Stunde, die Vopos verzogen dabei keine Miene. Als ob sie nicht genau wüßten, was Sache war!

Wir durften einzeln weiterfahren. Ich wartete an der nächsten Straßenecke, bis Christian und Angelika auftauchten. »Wer hat denen bloß einen Tip gegeben?« fragte Christian mit zusammengebissenen Zähnen.

»Ich kann's mir auch nicht erklären«, pflichtete ihm Angelika genauso ärgerlich bei.

»Jetzt erst recht«, sagte Christian.

Ich schwieg und fuhr mit den beiden weiter bis zur Stadtmitte. Mir wurde in diesem Moment klar, daß ich ein sehr widersprüchliches Bild von der DDR mit nach Hause nehmen würde. Nach dieser Woche in Halle hatte sich mein vorurteilsvolles Bild von dem anderen deutschen Staat gewaltig verschoben und entzerrt. Manches war bestätigt, anderes widerlegt worden. Ich wußte nun, daß der Hochwald in der DDR sicher dichter war als bei uns, aber ich mußte den Mut der Jugendlichen hier bewundern, doch immer wieder unerwünschte Seitentriebe zu entwickeln. Es war das ursprünglichere und unverkrampftere Lebensgefühl, das mich anzog. Nur deswegen fuhr ich weiter mit, und ich fühlte das Bedürfnis, bald wiederzukommen.

Vereinzelt trafen Radfahrer auf dem Marktplatz der Stadt ein. Auch die andere Gruppe war angehalten und kontrolliert worden. Allen stand ohnmächtige Wut im Gesicht. Wir warteten, bis wir an die fünfzig waren, und traten erneut in die Pedale, stadtauswärts Richtung Buna. Einige hatten ihre Gasmasken vor dem Zugriff der Vopos retten können und setzten sie nun trotz brütender Hitze auf. Plötzlich entfalteten jeweils zwei Radfahrer zwei Transparente; auf dem einen

stand »Umkehr zum Leben«, auf dem anderen »Chemie ist schön – Chemie ist gesund – ist das alles?«.
Sehr mutig, dachte ich, sah mich um und stellte entsetzt fest, daß uns drei Polizeiwagen in etwa zweihundert Meter Entfernung folgten. Wir alle hatten wohl Angst, denn wir fuhren immer schneller, in der unsinnigen Hoffnung, die Vopos abhängen zu können.
Einige Kilometer hielten wir das hohe Tempo, dann wurden wir langsamer. Jemand rief laut: »Die Bullen-Taxen kommen!«
Ein Wagen überholte uns und setzte sich an die Spitze der Demonstration, ein zweiter näherte sich immer mehr dem letzten Fahrrad, während der dritte unsere Kolonne links überholte, plötzlich nach rechts ausscherte und drei Jungen mit ihren Rädern in den Graben drängte. Brutal! Ich konnte vor Angst kaum noch denken.
»Martin!« rief Christian von hinten. »Paß auf dich auf!«
Wir näherten uns einer Straßengabelung.
»Da vorne rechts auf den Feldweg!« hörte ich ihn erneut rufen.
Einen Moment lang schloß ich die Augen, spürte ein tiefes Glücksgefühl, riß dann den Lenker herum und holperte auf einen schmalen, notdürftig geteerten Feldweg. Ich trat wie wild in die Pedale, neben mir tauchten keuchend Angelika und Christian auf. Wir sprinteten, bis wir ein Waldstück erreicht hatten, und rollten schwer atmend gemächlich aus.
Das ist also auch DDR-Wirklichkeit, dachte ich und hatte völlig vergessen, daß ich morgen Abschied nehmen mußte.

Abkürzungen und Ausdrücke der Umgangssprache

Agitprop	Agitation und Propaganda
Antifaschistischer Schutzwall	offizielle Bezeichnung für die Grenze
AV	Arbeitsverhältnis (= Job)
Bausoldat	Dienst ohne Waffe in der NVA in Uniform, unter Kasernierung und militärischem Drill
Bullen-Taxi	Polizeiwagen
Datscha	Wochenendhäuschen
Delikat	Lebensmittelgeschäft für den gehobenen Bedarf
Demokratischer Zentralismus	innergesellschaftliches Demokratieprinzip (im wesentlichen: Leitung der Partei von oben, Wahl der leitenden Parteiorgane von unten nach oben)
Diamat	dialektischer Materialismus (Bestandteil der marxistischen Philosophie)
DSF	Gesellschaft für Deutsch-Sowjetische Freundschaft
EOS	Erweiterte Oberschule (vergleichbar: Gymnasium)
ESG	entwickelte sozialistische Gesellschaft (beschreibt den Zustand des Sozialismus in der DDR)
ESP	Schulfach »Einführung in die sozialistische Produktion«
exen	exmatrikulieren
Fahrerlaubnis	DDR-Führerschein
Fahne	Nationale Volksarmee
Fahnenappell	gelegentliches Antreten von Schülern vor Unterrichtsbeginn
FDGB	Freier Deutscher Gewerkschaftsbund
FDJ	Freie Deutsche Jugend, Jugendorganisation der SED
FDJ-Sekretär -in	in Schulen vergleichbar: Klassensprecher -in
Firma	Staatssicherheitsdienst
Frauentag	DDR-Muttertag
Freß-Ex	Lebensmittel-Exquisit-Geschäft
Freundschaft!	FDJ-Gruß
GOL	Gruppenorganisationsleitung, übergeordnete Gremien in der FDJ und anderen Organisationen

Grundorganisation	kleinere Einheit von Parteimitgliedern
GST	Gesellschaft für Sport und Technik (vormilitärische und sportliche Ausbildung, Führerscheinkurse)
GV	Gesamtverhalten (eines DDR-Schülers)
HDJT	Haus der Jungen Talente, Ost-Berlin, Klosterstraße
HO	Handelsorganisation, volkseigener Einzelhandel
JG	Junge Gemeinde, Einrichtung der evangelischen Kirche der DDR mit Freizeitangeboten
Jugendstunden	dienen der Vorbereitung auf die Jugendweihe
Jugendweihe	sozialistische Variante einer auf den Staat bezogenen »Konfirmation«
Junge Pioniere	Jugendverband (Schulklassen 1–3), unter Leitung der FDJ
KA	kapitalistisches Ausland
Karo	DDR-Zigarettenmarke
Kollektiv	kleinste Einheit im sozialistischen Zusammenleben
Kombinat	größerer industrieller Zusammenschluß
Massenorganisation	FDJ, FDGB, DSF usw. sind sogenannte Transmissionsriemen der SED, d. h. verbreiten deren Beschlüsse
Memphis	MfS, Ministerium für Staatssicherheit
ML	Marxismus-Leninismus
MMM	Messe der Meister von Morgen, Wettbewerb für Jugendliche unter 25 um industriell verwertbare »Neuerungen«
ND	Neues Deutschland, Tageszeitung der SED
Neues Leben	FDJ-Zeitung
NSW	nicht sozialistische Welt (= KA)
NVA	Nationale Volksarmee
Ordnungsschüler	sorgen für Ordnung und Disziplin auf dem Schulhof, in Diskotheken und während Demonstrationen
POS	Polytechnische Oberschule (bis 10. Klasse), vergleichbar: Realschule
R-Klasse	Klasse mit Schwerpunktausbildung in Russisch
SED	Sozialistische Einheitspartei Deutschlands
Soli	Solidarität
Stabü	Schulfach »Staatsbürgerkunde«

Stasi	Staatssicherheit(-sdienst)
SU	Sowjetunion
Subbotnik	freiwilliger Arbeitseinsatz, meistens samstags
Thälmann-Pioniere	Jugendverband (Schulklassen 4–7), unter Leitung der FDJ
Trabi	liebevolles Kürzel für die DDR-Automarke Trabant
UTP	Unterrichtstag in der (sozialistischen) Produktion
VEB	Volkseigener Betrieb
Vopo	Volkspolizist
Wartburg	DDR-Automarke
WP	Warschauer Pakt
WPA	Schulfach »Wissenschaftlich-praktisches Arbeiten«
»wsjo budjet!«	russischer Ausdruck (»es wird schon werden«), kennzeichnet die DDR-Arbeitsmentalität
Zirkel	Arbeitsgemeinschaft zu begrenzten Themen
ZK	Zentralkomitee, Führungsorgan der SED
Zoni	DDR-Bürger
ZV-Lager	Zivilverteidigungslager für Schüler nach der 11. Klasse

ArenaBücher. Das Leben erleben.

litera

Das ist die Arena-TB-Reihe für junge Leute ab 14 Jahren, die von »ihrer« Lektüre literarische Qualität und besonderes inhaltliches Engagement fordern.

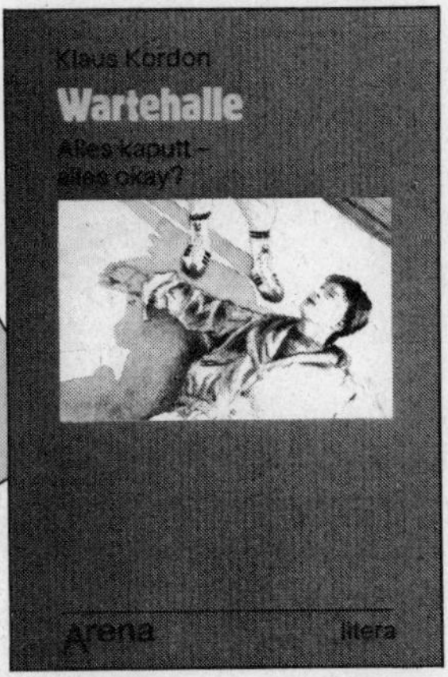

Arena